Jürgen Leuchauer

„ALLMÄCHD – DES AA NU!"

Nürnberger und fränkische Sprachgebräuche im Alltag – Band 2

VERLAG NÜRNBERGER PRESSE

ALLMÄCHD –
DES AA NU!

IMPRESSUM

Lektorat | Ted Hertle
Gestaltung | Lucia Geitner
Autorenfoto | Sophia Fischer
Satz | Klaus Beck · Emmy Riedel · Gunzenhausen
Gesamtherstellung | © Verlag Nürnberger Presse
Druckhaus Nürnberg GmbH & Co. KG

Meine Heimatstadt „NÄMBERCH"

Eine weltstädtische Metropole
mit europäischem Horizont,
mit französischem Savoir-vivre,
mit italienischer Grandezza,
mit reduziertem spanischem Temperament,
mit seltener englischer Distinguiertheit
und mit zu wenigen öffentlichen Toiletten.

Frei nach Loriot

Ein Leben außerhalb Frankens ist möglich,
aber nicht sinnvoll.

Sind Franken friedfertig?

Wer glaubt, der Franke hätte keinen Kampfgeist,
sollte beobachten, was im Supermarkt passiert,
wenn eine zusätzliche Kasse aufgemacht wird.

ALLMÄCHD –
DES AA NU!

INHALT

INHALT

GANZ LANGES UND AUSFÜHRLICHES VORWORT

VORWORT ZU MEINER PERSON

Es hat schon etwas, ein Buch zu schreiben. Es ist für mich immer wieder spannend, vor einem weißen Blatt Papier oder vor einer leeren Seite auf dem PC-Monitor zu sitzen. Das Weiß und die Leere glotzen einen fast schon arrogant an. Und dann weiß man am Anfang nicht, was denn dann am Ende auf dem Blatt oder auf der Seite stehen wird.

Dann denkt man über den eigenen Anspruch nach. Ich wollte nie, dass mir irgend ein poetischer Geist wortgewaltig die Feder führt. Ich wollte auch niemals mit literarischer Wucht hemmungslos brillieren. Ich wollte über meine Leserinnen und Leser nie ein Füllhorn philosophischer Weisheiten ausschütten. Nein. Ich wollte nur ganz einfach dem Volk aufs Maul schauen, das alles sammeln und niederschreiben und unter die Leute bringen.

Meine Mission ist dann erfüllt, wenn Sie sich, liebe Leserinnen und Leser, nach abgeschlossener Lektüre entspannt zurücklehnen und sagen können: *„Erschdns hommer widder aweng wos ieber di fränggische Grammadigg glernd, und zweidns hommer ned blouß schmunzln, sondern manchmol sugor aweng lachng mäin."*

Grammadigg

VORWORT ZUM FRÄNKISCHEN UND ZUM NÜRNBERGER MENSCHEN

Immer wieder wird versucht, den fränkischen und vor allem den Nürnberger Menschen zu typisieren, charakterlich zu katalogisieren, in irgendwelche verhaltens-

typische Schubladen zu stecken und ihn damit klischee-
haft zu beurteilen und zu beschreiben.

Es gibt für fränkische Menschen keine Klischees. Die
stimmen alle. Franken sind beispielsweise niemals faul.
Die sind höchstens im Energie-Spar-Modus. Franken
schaffen es auch, ihre unterschiedlichen Befindlichkeiten
zwar weniger leidenschaftlich, dafür aber dramaturgisch
in Szene zu setzen. In aller Ruhe halt. Wenn es sein muss,
auch mit philosophischen Erkenntnissen epochaler Trag-
weite: „Im Lauf des Lebens nimmt das Alter ständig zu,
und nichts macht so alt, wie ein weit zurückliegendes Ge-
burtsdatum." Rrrrumms. Voll auf die zwölf.

Weitere Tatsachen: Nürnberg gilt als Kompetenz-
zentrum für kalorienreiche Ernährung. Das stimmt. Da
stehen wir dazu. Das lassen wir uns auch nicht nehmen.
„Wärgli ned."

Darüber hinaus: Im Hinblick auf die soziale Vielschich-
tigkeit unserer manchmal kommunikationsarmen Bevöl-
kerungsteile ist Bier ein die Menschen zusammenfüh-
rendes Mittel. Auch das stimmt. Vor allem aber gilt ein
„Schnäbsla" bei uns als ein hervorragendes Mittel zur   *Schnäbsla*
Stabilisierung akuter oder chronischer Kreislaufinsuffi-
zienz. Das Thema Kreislauf ist für den Nürnberger am
Stammtisch keine Frage von Leben und Tod – das ist we-
sentlich ernster – „verschdandn"?

Und: Natürlich gelten wir manchmal als „aweng
verrüggd". Ja und? Wenn man das Wort „ver-rückt" in

seine beiden Einzelteile zerlegt, dann kann man ruhig mal fragen, ob man in jedem Fall jeder Zeitgeistströmung (im neu-hoch-denglischen Jargon „Mainstream" genannt) nachlaufen muss, oder ob man den eigenen Weg auch mal ver-rücken darf. Der Franke darf das.

Und die Moral von der Geschichte? Da gibt es gar keine! Sollten Sie sich trotzdem ein Fazit wünschen – hier, bitteschön: Jeder Volksstamm hat seine Eigenheiten, lustige und komische. Haben wir auch: *„Und suu, wäi mir sin, su simmer hald amool. Des bassd scho – gell."*

Des bassd scho

VORWORT ZU DIESEM BUCH

Die besten Ideen hat man, wenn der Brief zugeklebt ist. So lautet ein altes bekanntes Sprichwort. So ging es mir auch. Kaum war mein erster Band in Druck gegeben, ging es schon los: *„Allmächd, des häddi aa nu schreim könner, und dou dääd mer edz aa nu wos eifalln, und worum hobbin des vergessn?"*

Das hat die Idee zu diesem zweiten Band ausgelöst.

Schon mein erster Band *„GÄIH WEIDER – HOGG DI HER"* hat ja Nürnberger und fränkische Sprachgebräuche im Alltag behandelt. Das vorliegende Buch sollte etwas bunter, vielseitiger und abwechslungsreicher werden.

Außer den üblichen grammatikalischen Kapiteln finden Sie hier, liebe Leserinnen und Leser, ein paar typisch fränkische Geschichten, ein paar Bilder und Zeichnungen, aber auch ein paar gereimte Gedichte nach dem Motto: „Manchmal ist es wirklich gut, wenn ein Satz sich reimen tut." Und vor allem gibt es zwei Liedertexte, die es in sich haben.

Zu den kleinen Geschichten: In wohl allen Dialekten benützen wohl alle Mundartautoren die eine oder andere lustige Geschichte, die sich nicht immer und unbedingt so in der Realität abgespielt hat. Diese humorvollen, oft imaginären Begebenheiten sind aber auf jeden Fall geeignet, das Wesen und den speziellen Humor der beschriebenen Menschen treffsicher zu skizzieren und die fränkischen, „lokaltypischen Klangweltkompositionen" zur Leserin und zum Leser zu transportieren. Ich hoffe, das ist mir gelungen.

Ich wollte auch kein tabellarisches Wörterbuch verfassen, so wie es schon so viele gibt: also links die mundartliche Fassung und rechts daneben die hochdeutsche Übersetzung oder Erklärung. Ist aber leider nicht immer zu vermeiden, wie etwa beim Kapitel über das Schimpfen, beim *„Fränggischn Alfabeed"* und anderen. Manchmal geht's einfach nicht anders. Aufgrund vieler Wünsche und wirklich vieler Anregungen aus der Leserschaft finden Sie außerdem die beiden Liedertexte zu *„Des is des Haus vom Meiers Gerchla"* und *„Die fürchderlichn Ungreimdn"*.

Gerchla

Immer wieder bin ich gebeten worden, die beiden Texte doch zu veröffentlichen. Beide Lieder stammen teilweise noch aus dem vor-vorigen Jahrhundert. Kaum zu glauben. Aber beim Nürnberger Publikum gibt's hier oft gezielte

Nachfrage, Identifikation, Wiedererkennungswert und teilweise aktives Mitsingen wie weiland bei den Fischerchören.

Und: Unser altes Liedgut darf nicht untergehen. Genauso wenig wie unser Dialekt. Dabei wollte ich „aweng" mithelfen.

Übrigens: Die wenigsten der Sprüche, Formulierungen, lustigen Geschichten stammen von mir selbst. Über lange Jahre habe ich die gesammelt, um sie dann auch als gesammelte Werke herauszubringen. Damit bin ich automatisch beim …

… VORWORT ZU MEINER LESERSCHAFT

Ich habe versucht, eine Saat auszubringen. Überall in meinem Umfeld habe ich gebeten, mir „fränggische *Soocherer*" weiterzugeben. Diese Saat ist reichlich aufgegangen, und meine Ernte war gewaltig. Wirklich.

Soocherer

Immer wieder kommen aus allen Ecken und Enden Menschen auf mich zu mit Vorschlägen, Ergänzungen, originellen Beiträgen, teilweise auch mit Geschichten, die man schon kennt, die man schon mal gehört oder gelesen hat, teilweise sogar mit kleinen Sequenzen aus den unendlichen Weiten des Internet.

Für all dies möchte ich mich an dieser Stelle mit einem herzlichen „*Vergelds Godd*" bei Ihnen und bei Euch höflich und herzlich bedanken. Ihr seid alle meine (honorarfreien) Co-Autoren.

Für Hinweise, Anregungen, Ergänzungen und Rück-
meldungen bin ich übrigens auch in der Zukunft immer
dankbar. „*Wärgli!*"   *Wärgli*

Und jetzt viel Spaß beim Lesen.

AWENG A FRÄNGGISCHE GRAMMADDIGG

aweng

Es gibt keine verbindlichen Regeln für Mundart-Literatur. Jeder Dialekt-Autor schreibt „*aweng*" anders. Es ist immer ähnlich, aber selten ausnahmslos identisch. Außerdem scheint auch hier der Zeitgeist ein bisschen mitzuwirken.

Hermann Strebel, Franz Bauer, Hans Mehl, Dr. Herbert Maas oder Lothar Kleinlein, also die alte Garde der Dialekt-Fürsten, haben in früheren Zeiten mundartlich ganz anders geschrieben als heute etwa Günter Stössel, Klaus Schamberger, Ulrich Rach oder mein Lektor Ted Hertle.

Manche Leserinnen und Leser weisen mich manchmal darauf hin, dass dieses oder jenes Wort in anderen Veröffentlichungen etwas anders buchstabiert wird, als bei mir. Ja, kann durchaus sein. Ich versuche immer so zu schreiben, wie ich auch mundartlich spreche ohne den Versuch, irgendetwas sprachlich zu verbiegen. Absolut verbindliche Regeln existieren halt einfach nicht.

Trotzdem gibt es viele grobe Richtlinien im Fränkischen, die sich im Großen und Ganzen durchgesetzt haben. Hier also mein Versuch, ein paar allgemeine fränkische Schreib- und Sprechweisen zu erklären, natürlich ohne Anspruch auf didaktische Grundsätze und ohne Anspruch auf absolute Richtigkeit oder Vollständigkeit.

Los geht's.

Das „g" am Wortende wird oft zum ch:
- Schlag → *„Schlooch"*
- Georg → *„Georch"*
- genug → *„gnouch"*
- Nürnberg → *„Nämberch"*

gnouch

„nf" wird immer zu „mbf":
- Senf → *„Sembf(t)"*
  (das einzige fränkische Wort mit einem *„haddn D")*
- fünf → *„fümbf"*
- Manfred → *„Mambfred"*

Das „en" am Wortende, also die Nachsilbe,
wird oft eingespart:
- Leben → *„Leebm"*
- streben → *„schddreebm"*
- sagen → *„soong"*

Auch das „ge" als Vorsilbe wird gerne weggelassen:
- gekommen → *„kummer"*
- gebadet → *„boodn"*
- geputzt → *„budzd"*

Andererseits wird die Vorsilbe „ge"
manchmal nur halb verschluckt:
- gemacht → *„gmachd"*
- gestohlen → *„gschdulln"*
- Gemeinde → *„Gmaa"*

Das „ck" wird zum „Doppel-g":
- nackig → „naggerd"
- Genick → „Gnagg"
- Baracke → „Baraggn"
- Stück → „Schdügg"

Das harte „t" wird zum weichen „d":
- Tauben-Georg → „Daumgerch"
- Treppe → „Drebbm"
- Theo → „Deo"

Allerschönstes Beispiel:
- Der Tote vom Tatort: → „Der Doode vom Daadord"

Das harte „p" wird zum weichen „b":
- Paula → „Baula"
- Pfanne → „Bfanner"

Babberdeggl
- Pappdeckel → „Babberdeggl"

Sowohl im Singular als auch im Plural zieht der Franke sehr gerne Wörter zusammen:
- muss ich das → „mouis"
- müssen wir das → „mäimers"
- Lass ich das → „louis"
- lassen wir das → „loumers"
- tue ich das → „douis"
- tun wir das → „demmers"

Das hanseatische „St" wird immer zu „Schd":
- Stab → „Schdaab"
- Stern → „Schdern"
- Stadt → „Schdadd"

Das „Sp" wird genauso immer zu „Schb":
- Spaß → „Schbaß"
- Kasper → „Kaschber"
- Spalte → „Schbaldn"

Das einfache „h" wandelt sich oft zum „ch":
- Vieh → „Väich"
- höher → „häicher"
- ziehend → „zäicherd"

Sowohl bei Substantiv als auch bei Adjektiv wird das „e"
am Wortende gespart, Dialektforscher reihen dies unter
dem Thema „Nasal-Endung" ein:
- Husten → „Husdn"
- glotzen → „glodzn"
- Kasten → „Kasdn"
- machen → „machn"
- Posten → „Bosdn"
- reden → „redn"

Husdn

Das „n" am Ende besitzanzeigender Fürwörter
fällt einfach weg:
- mein Teller → „mei Deller"
- dein Glas → „dei Glos"
- sein Gerede → „sei Gschmarri"

Nicht immer, aber manchmal wird aus dem „ei" ein „aa":
- heiß → „haaß"
- geifern → „gaafern"
- streifen → „straafm"
- Bein → „Baa"

- weich → „waach"
- nein → „naa"
- Seife → „Saafm"
- Stein → „Schdaa"

Andererseits wird aus dem einfachen „a" oftmals ein „oo":
- Abend → „Oomd"
- sagen → „soong"
- Laden → „Loodn"
- tragen → „droong"
- Tag → „Dooch"
- Magen → „Moong"

Sebastian Sick hat das Buch geschrieben „Der Dativ ist dem Genitiv sein Tod". Dabei muss er wohl bei den Franken sehr viel abgeschaut haben, denn vor allem in unseren Breitengraden geht es dem Genitiv tüchtig an den Kragen.

- des Bruders Spielzeug → „dem Brouder
  sei Schbielzeich"
Deedassn - Mutters Teetasse → „der Mudder ihr Deedassn"
- meines Vaters Bierkrug → „meim Vadder
  sei Biergruuch"

Ein Zweig der Germanistik, die Etymologie, also die Lehre von der Herkunft der Wörter, hilft oft, schwierige Forschungen bei der Suche nach sprachlichen Ursprüngen zu erleichtern. Leicht wird diese Suche aber immer dann gemacht, wenn es um lautmalerische oder schallnachahmende Wörter geht.

Das saugende Schmatzgeräusch beim Weißwurstessen, aber auch beim Stillen der Säuglinge, nennt man „*zudzln*". Mit „*bruzzln*" bezeichnet man die Laute, wenn das Kotelett in das heiße Fett in der Pfanne gelegt wird. Wenn das Wasser auf der Herdplatte anfängt, zu kochen, gibt's einen Ton, den man mit „*bfobfern*" lautmalerisch beschreiben kann. Vor allem in Bezug auf die Tierwelt haben sich diese Sprachgebräuche etabliert, zumal dann, wenn die Kleinkinder schallnachahmende Namen vermittelt bekommen sollen. Die „Miau" ist die Katze, der „Wauwau" der Hund, und so geht es weiter mit Schaf, Vogel und anderen Gattungen. Kommt in allen Dialekten so vor.

bruzzln

Speziell im Fränkischen gibt es aber ein paar originelle Ausnahmen. Hier ein paar Beispiele, bei denen mundartlich Substantiv und Tierlaut kausal zusammenhängen:
Tier (hochdeutsch) → Tier (Mundart) → mundartlicher Laut
- Hahn → „*Gieger*" → „*Giggerigii*"
- Huhn → „*Buddler*" → „*bud bud bud*"
- Küken → „*Zieberla*" → „*zieb zieb zieb*"
- Ente → „*Wiwerla*" → „*wi wi wi*"

Jetzt wollen wir bitte noch mal zurückblenden zu den Schreibweisen am Anfang des Kapitels. So wie für mich selbst, ist es für viele Leserinnen und Leser ein Heidenspaß, sich Wörter und Begriffe mit „*exdreem fränggischer Schreibweise*" immer wieder anzusehen. Das Schmunzeln ist hier fast vorprogrammiert. Um immer sofort gleich zu wissen, um welchen Begriff es sich handelt, braucht man manchmal die hochdeutsche Übersetzung – oder – man liest das Wort einfach laut.

Hier einige Beispiele:
- *„Doddellini"* → Tortellini
- *„Dassdadur"* → Tastatur
- *„Filderdüüdn"* → Filtertüte
- *„Imblandaade"* → Implantate
- *„Wallbollidschella"* → Valpolicella
- *„Desdbillood"* → Testpilot
- *„Brosdaada"* → Prostata
- *„Debbich"* → Teppich
- *„Bolliddigger"* → Politiker
- *„Eidlkeid"* → Eitelkeit
- *„Dabferkeid"* → Tapferkeit
- *„Bobbkonn"* → Popcorn

Auch viele Begriffe aus dem Englischen, und zwar meist solche, die längst Einzug in unseren Sprach-Alltag gefunden haben, sind es wert, auch mal nach fränkischer Lautmalerei aufzuschreiben. Schaut lustig aus.

- *„Affder-Wörg-Baddi"* → Afterworkparty
- *„Bläisdäischn"* → Play-Station
- *„Siddiboind"* → City-Point
- *„Läbbdobb"* → Laptop
- *„Bauerboindbräsendäischn"* → Powerpointpräsentation
- *„Seibersbäis"* → Cyberspace
- *„Dwidder"* → Twitter
- *„Fäissbugg"* → Facebook
- *„Woddsäbb"* → Whats app
- *„Dschinndoonigg"* → Gin-Tonic
- *„Oubmäär"* → Open Air
- *„Häbbiauer"* → Happy hour
- *„Boddilouschn"* → Boddylotion

Bläisdäischn

Dasselbe Spiel kann man mit berühmten Reisezielen treiben, aber diesmal ohne jegliche Unterstützung für den Leser durch korrekte hochdeutsche Schreibweise: *„Baddseloona"* in *„Schbaanien"*, *„Neabbl"* in *„Idaalien"*, *„Banggogg"* in *„Dailand"*, *„Anndallia"* in der *„Dürrkei"*, *„Hurrgadda"* in *„Egübbdn"* und *„Nujorrg"* in die *„Ver-einichdn Schdaadn"*. Na, alles verstanden?

Egübbdn

Hier noch ein weiterer Versuch zur Verdeutlichung der Schreibweisen auf zutiefst fränkische Art. Am Beispiel von manchen Vornamen kann man manchen Menschen ein Lächeln auf die Lippen zaubern, wenn man diesen Vornamen die fränkische Schreibweise gegenüber stellt.

- Chantal → *„Schandall"*
- Jean-Paul → *„Schanbaul"*
- Christina → *„Grissdiena"*
- Erika → *„Eerigga"*
- Thomas → *„Doomas"*
- Martin → *„Maddin"*
- Patrick → *„Baddrigg"*
- Peter → *„Bäider"*

„Pars pro toto" kommt aus dem Lateinischen und wird dann angeführt, wenn ein Teil für das Ganze steht und quasi als Synonym verwendet wird. Dass sich hier in mundartlicher Hinsicht viele originelle Bezeichnungen ergeben, vor allem im Hinblick auf die fränkische Grammatik, versteht sich fast von selbst.

Früher gab es wirklich Menschen, die den ganzen Tag mit der Schlafhaube rumgelaufen sind. Da bezeichnete man den ganzen Kerl als *„Schloufmüdzn"*. Langweilige Menschen bekommen das heute noch zu hören. Leute mit langem Hals werden im Ganzen als *„Gänsgroong"* betitelt. Menschen mit großem Kopf heißen *„Gniedlaskubf"* in ihrer kompletten Erscheinung. Permanent schimpfende Frauen erwerben sich den Vollbegriff *„Brozzlsubbm"* für die ganze Person und auffällig bunt gekleidete Menschen

Vuuglschaing

bezeichnet man als *„Vuuglschaing"* (Vogelscheuche).

Im weitesten Sinn gehört zur Grammatik auch der oft urkomische, weil falsch eingesetzte und damit oft sinnverdrehte Gebrauch von Fremdwörtern. Obwohl der Franke und der Nürnberger nicht immer ein wandelnder Quell der Fröhlichkeit ist, wird er beim – meist falschen – Gebrauch von Fremdwörtern unfreiwillig zum Gefühlsfeuerwerker und zum Urheber von Orgien des Frohsinns.

■ Der eine Nachbar hat etwas angestellt. Kommentar des anderen Nachbarn: *„Dou moußd hald Buße dun, dou moußd in Weech nach Cabanossi gäih."* Antwort des Beschuldigten: *„Mich bringt nix su leichd ausn Konzert."*

■ Kommentar des selbst ernannten Fußball-Experten am Stammtisch zum schlechten Pressebericht über das letzte Clubspiel: *„Des wird alles vo di Medien houchschderilisierd."* Bemerkung des Tischnachbarn: *„Dou moumer dem Gechner hald aa amol Ravioli biedn – odder?"* Zweiter Tischnachbar: *„Dou gäih ich mid dir völlich kondom."*

Hier noch zwei von dieser Sorte:

■ Der Sohn fragt den Vater: *„Babba, in der Zeidung schdäihd, ‚der Bundestag tagte in Permanenz'. Wos hassdn des?"* Darauf der Vater: *„Bou, des is a Druggfehler. Des mou haßn ‚in Pirmasens.'"*

Und hier mein persönlicher Favorit.

■ Im Blumengeschäft sagt der Kunde zur Verkäuferin: *„Ich hädd gern siem Gladiadoren,"* Darauf die Verkäuferin: *„Sie maaner sicher Gladioln."* *„Richdich"*, entgegnet der Kunde, *„Gladiadoren, des sin doch däi Heizkörber – gell."*

Richdich

„Mer sollerd den Usus vo Fremdwörder eimbfach af a Minimum reduziern."

„FRÄNGGISCH BUCHSCHDABIERN"

Hat sich schon einmal jemand darüber Gedanken gemacht, dass es verschiedene Arten des Alphabetes gibt? In erster Linie gilt natürlich das aus unserem Universal-Sprachwerk, dem Duden. Aber es gibt noch mehrere, zum Beispiel das Morsealphabet, das internationale Alphabet in der Fliegersprache.

Alfabeed

Ich war der Meinung, es sollte endlich ein *„fränggisches Alfabeed"* geben, um entsprechend fränkische Begriffe auch adäquat buchstabieren zu können.

Hier mein Vorschlag. Los geht's.

A	*„Allmächd"*	→	Fränkischer Ausruf des Erstaunens
B	*„Bläidl"*	→	Blödmann
C	*„Zweeder"*	→	Jacke, nach dem engl. Sweater
D	*„Doldi"*	→	Dummes Mannsbild
E	*„Eiderbiggl"*	→	Eiterpickel
F	*„Fleischkäichla"*	→	Bulette, Hamburger
G	*„Glööß, Gniedla"*	→	Kartoffelklöße
H	*„Heigeing"*	→	Hagerer hochwüchsiger Mensch
I	*„Inggreisch"*	→	Innereien des Karpfens
J	*„Jangger"*	→	Jacke
K	*„Kullnhuuf"*	→	Kohlenhof
L	*„Lausbou"*	→	Frecher Junge
M	*„Marcharedd"*	→	Margarete
N	*„Nachdgieger"*	→	Fabelfigur (erzieherische Hilfsfigur)
O	*„Odlgruubm"*	→	Odelgrube
P	*„Baula"*	→	Paula

Q	„Queddschn"	→	Akkordeon
R	„Reigschmeggder"	→	Nichtfränkischer Mitbürger
S	„Saubreiß"	→	Menschen nördlich des Mains
Sch	„Schlumbl"	→	unordentliche Frau
T	„Daubmgerch"	→	Taubengeorg (Schimpfwort)
U	„Uierlaa"	→	Ausruf der Verwunderung
V	„Veicherla"	→	Veilchen, auch blaues Auge
W	„Waggerla"	→	Goldiges Mädchen
X	„Xangbouch"	→	Gesangbuch
Y	„Übbsilong"	→	erklärt sich von selbst
Z	„Zwedschger"	→	Pflaume

Zwedschger

Ach der Begriff FRANKEN sollte endlich einmal entsprechend buchstabiert werden, aber nicht – wie üblich – mit Substantiven, sondern mit den Adjektiven, die unsere Wesensart ausmachen:

F	„freindli"	→	freundlich
R	„rechdschaffn"	→	rechtschaffen
A	„ausbichd"	→	ausgepicht = trinkfest
N	„neimoodisch"	→	neumodisch
K	„kobberneggisch"	→	kompliziert (geht auf Kopernikus zurück)
E	„einwambfrei"	→	einwandfrei
N	„noudwendi"	→	notwendig

DIALEKT IN KINDESALTER, SCHULE UND LEHRE

Kinder und Jugendliche sind zurecht die titelgebenden Protagonisten dieses Kapitels. Sie haben schon mit der Muttermilch alle fränkisch-grammatikalischen Finessen eingesogen. Fränkische Dialekte kichern selbst. Das haben die Kleinen schon in der Fruchtblase mitbekommen, quasi als Lebenselixier. Manche Kinder im Mutterbauch, so sagt man, werden mit Mozart beschallt. Brauchen wir nicht. Wir haben unseren Dialekt, mit dem die Kleinen ihren Wohlfühlfaktor schon in der Fruchtblase intuitiv erfolgreich streicheln, nicht nur bis zur Entbindung, sondern auch danach im realen Leben.

Schon vor der Geburt des Nachwuchses beginnt es mit den fränkischen *„Soocherern"*. *„Wersd scho seeng"*, sagt der eine Kumpel zum anderen, *„oo gäids mit Wein, Weib und Gsang, und aafhärn douds mit Kind, Milch und Gschraa."*

Nachdgiger

Wenn ich mich an meine eigene Kindheit erinnere, sind mir immer wieder Situationen präsent, die auch viel mit Sprachschatz zu tun haben. Fast schon eine Institution damals war der *„Nachdgiger"*. Zum einen war damit folgendes gemeint: „Ein des Nachts umherstreifender, Kontakt zum anderen Geschlecht suchender junger Mann, der sich in den Straßen herumtrieb, um die Töchter der Stadt zu besehen." Und nicht nur das. Zum anderen war eine angstmachende Gestalt gemeint, mit der man Kinder dazu brachte, nicht zu spät vom Spielen auf der Straße nach Hause zu kommen.
„Dassd fei hammkummsd, bevurs dunggl wärd, sunsd huld di der Nachdgiger – gell."

Der „*Nachtgiger*" ist also eine Art erzieherisches Hilfskonstrukt in Franken zur Ergänzung der elterlichen Autorität.

In meiner Erinnerung gab es aber noch viel mehr Aussprüche in der Art. Bis zu meiner Einschulung mit sechs Jahren in der Holzgartenschule war ich im Kindergarten im Nebenzimmer der Gastwirtschaft meiner Großeltern, also im „Lohengrin" in der Wodanstraße, untergebracht. An ein paar harmlose Reime aus dieser Zeit kann ich mich noch erinnern.

Obwohl – Kinder können sowohl lustig sein – oder auch grausam. Beide Verhaltensweisen haben sich niedergeschlagen in den unterschiedlichsten Versen, Reimen oder Aussprüchen. Es gab da früher eine eigene infantile Dialektik. Tja – früher …

- „*Wäi viel Uhr isn?*"
  „*Dreivärdl vur Käs, wenns schdingd, is ganz.*"
- „*Gäih naaf zum Ding und sooch zum Ding, der Ding soll roo, sunsd läffd in Ding sei Ding dervoo.*"   *Sooch zum Ding*
- „*Ned schlechd, Herr Schbechd, ja dou schau her, Herr Schdachlbeer.*"
- „*Wou gäihsdn hie?*"
  „*Zu di 99er, dass gor 100 sin.*"
- „*Wos isn lous?*"
  „*Wos ned oohbundn is.*"
- „*Solche seggs wäi mir fümbf gibds kanne vier, wall mir drei di zwaa anzichn sin.*"

- „Und mei Vadder, der hods gsachd, sauer is ned säis,
  nimm blouß ka Bauernmagd, wall däi hod grumme Fäiß."
- „Afm Glavier schdäihd a Mouß Bier,
  und wer dervoo dringd, der schdingd."

Tatsächlich im Kindergarten hab ich den altfränkischen
Spruch gelernt:
- „Werd scho wern, sachd di Fra Kern,
  ba der Fra Horn is aa widder worn."

Und dann in der Volksschule wurden diese hochgeisti-
gen Poesiekenntnisse erweitert, ergänzt, fortgeführt oder
vervollständigt. Komplett wurde daraus ein damals mani-
festierter Sechs-Zeiler:

- „Werd scho wern, sachd di Fra Kern,
  ba der Fra Horn is aa widder worn.
  Obber di ald Schmiedn hod rechd arch gliedn.
  Und ba der Fra Wimmer wärds immer schlimmer.
  Blouß der Fra Bresser gäihds aweng besser.
  Obber hald di Fra Roud – däi is doud."

Alleine der unsinnigen Wortbildungen und der klang-
falschen Aussprachen wegen haben wir Kinder damals
allen möglichen Blödsinn gelernt und immer wieder von
uns gegeben:

Pfruusch
- „Über di Pfrärie pfredschd a Pfruusch und pfläichd hie."
  (Über die Prärie pretscht ein Frosch und fällt hin.)

Auf eine für Franken völlig unübliche Weise wurde hier das harte „P" überbetont, was oft zu einer absichtlich etwas feuchten Aussprache geführt hat. Das wiederum hat uns Kinder zum Lachen gebracht. Damals halt, neunzehnhundertschwarzweiß.

Und dann die Schulzeit.

Nicht verbrieft ist die Unterhaltung zwischen Opa und Enkelsohn nach dem ersten Schultag.
■ Der Großvater fragt:
„Und – wäi wors denn in der Schul?"
Die Antwort des Enkels:
„Morng moui nuamol hie, wall mir sin heid ned ferdi worn."

Sicher genauso unwahr, aber lustig ist das Gespräch zwischen einem Schüler und seinem *„Babba"*:
■ Der Vater:
„Fir den Sechser im Zeichnis sollerds eigendlich a boor Schelln geebn."
Der Sohn:
„Au ja, Babba, ich waß, wou der Lehrer wohnd."

Schelln

Damals waren „Lesen" und „Schreiben" noch Hauptfächer, es gab auch noch das Fach „Heimatkunde". Und das heutige Fach „Mathematik" hieß damals noch „Rechnen".

Damit bin ich bei ein paar lustigen Geschichten, die wir uns als Schüler, als Berufsschüler und Auszubildende (damals nannte man uns „Stiften") erzählt haben, die uns teilweise unser alter Lehrer in der achten Klasse Volksschule, der Herr Pförtner, und vor allem später auch einer der Berufsschullehrer, nämlich der Herr Müller, erzählt hat. Sie alle haben mit *„fränggischer Maddemaddigg"* zu tun.

- Der Lehrer zur Klasse:
  „Mergd eich ans – zwaa Hälfdn sin immer gleich. Obber di gräißere Hälfd vo eich Kaschber begreifd des suwisuu ned."

- Der Lehrer:

  Glassnziel

  „Blouß dassers wissd – 90 % vo eich wern des Glassnziel ned erreichn."
  Ein Schüler:
  „Herr Lehrer – su viel simmer doch gor ned."

- Auch die Mengenlehre kam nicht zu kurz: *„Wenn fümbf Kinder in an Bus eischdeing, und seggs Kinder schdeing widder aus, dann mou aa Kind widder nei, damid kanns mehr drinn is."*

Die folgenden drei Geschichten stammen von meinem damaligen Berufsschullehrer, also von besagtem Herrn Robert Müller. Beim ersten mal haben wir Schüler richtig lachen müssen. Leider hat er sie immer wieder und wieder erzählt, hat sich selbst dabei schier gekringelt. Nach dem

fünften mal hat's uns Lehrlinge halt nicht mehr so gebeu-
telt vor Brüllen. Trotzdem waren die Geschichten lustig.

- Der Meister:
  „Fräiher, ja dou hom mir am Dooch bis zu 25 Schdundn
  geärberd."
  Der Lehrling:
  „Obber Masder, der Dooch hod doch blouß 24
  Schdundn".
  Der Meister:
  „Dou simmer hald eimbfach u Schdund eher aaf-
  gschdandn."

- Der Meister zum Lehrling:
  „Also, ab nächsdn Monad gräichsd a Driddl mehr
  Gehald."
  Der Lehrling:
  „No ja, a Värdl mehr sollerds eichendlich scho sei."

Und hier mein persönlicher Favorit:
- Der Bäckermeister zum Lehrling:
  „Soo, heid zeicherder amol, wäi mer an Koung baggd.   *Koung*
  Dou nimmsd a Driddl Mehl, a Driddl Eier, a Driddl
  Zugger und a Driddl Milch."
  Der Lehrling:
  „Masder, des sin doch vier Driddl."
  Der Meister:
  „Mousd hald a gräißere Schüssl nehmer."

AUSRUFE UND KOMMENTARE ALS SPIEGEL DER SEELE

Der Nürnberger und der Franke arbeitet ja nicht immer und automatisch mit Brachialrhetorik. Gleichwohl hört man aus alten Lebensweisheiten und Bemerkungen immer wieder sensible Gedankengänge, aber auch Stimmungslagen heraus, oftmals reduziert auf das sehr Wesentliche in ein paar wenigen Worten ausgedrückt. Man nennt das auch: „Im passenden Moment die richtige Lyrik absondern". Teilweise bilden diese Sprüche ein ganzes Füllhorn putziger Kopfkinoszenen.

Drei umfangreiche Kapitel habe ich diesen gesammelten Ausrufen im ersten Band gewidmet. Aber immer wieder gibt's Ergänzungen dazu. Hier noch eine ganze Liste. Ohne Anspruch auf Vollständigkeit.

- *„A suu a Durchernander."*
- *„A suu a gmähds Wiesla."* (gefundenes Fressen)
- *„Alles wos rechd is."*
- *„Allmächd, des lebberd si."* (es häuft sich)
- *„Also glabbsders."*
- *„Also suwos mou mer gsehng hom."*
- *„An Bfeiferdeggl."*
- *„Angsderbang* (Angst und Bange) *könnsder wern."*
- *„Braugsd a Boar?"* (Androhung einer Backpfeife)
- *„Dass mer sachd."*
- *„Dass suwos gibd."*
- *„Dem könnsd under der Ärberd di Schouh bindn."*
- *„Den hobberder vielleichd gfressn."*
- *„Der danzd wäi der Lumb am Schdeggn."*
- **belzich** · *„Der is vielleichd ned belzich."* (stur)
- *„Der mou doch mid Bengerdzwasser daufd sei."*

- *„Des derf doch ned wohr sei."*
- *„Des fehlderd grood nu."*
- *„Des gibds doch ned."*
- *„Des is mir edz augnbligglich ned su momendan."*
- *„Des konnsd ned machen, wall des gäihd echd ned."*
- *„Des läffd ja wäi gschmierd."*
- *„Des machd is Graud aa nimmer fedd."*
- *„Des mou mer si amol vurschdelln."*
- *„Des werd mer doch nu soong derfm."*
- *„Des wermer glei hom – des machmer morng."*
- *„Des wird si scho nu weisn."* (das wird sich zeigen)
- *„Dou ärcherd mer si ja di Schwindsuchd ooh."*
- *„Dou beißd di Maus kann Foodn ooh."*
- *„Dou bleibd an ja di Schbugge wech."*   *Schbugge*
- *„Dou gibds amol gor kan Baggers."*
- *„Dou kenni nix, dou moui durch."*
- *„Dou lacher mi ja gscheggerd."*
- *„Dou ner wardn."*
- *„Dou siggsders amol widder."*
- *„Dou wor is Gaggerla widder gscheider wäi di Henner."*
- *„Du bisd obber ned die hellsde Kerzn af der Doddn."*
- *„Edz douds obber glei an Dumbfm."*
- *„Edz fälld glei der Wadschnbaam um."*
  (Androhung von Schlägen)
- *„Edz här obber blouß aaf."*
- *„Eichndlich gengerds scho, obber es gäihd hald ned."*
- *„Es kummd wäis kummd."*
- *„Gell, dou glodzd."*
- *„Genau suu gäihds – blouß andersch."*
- *„Gengers ner rei, Eindridd is frei, Kinder zohln di Hälfd."*
- *„Glumb und Zeich und Woar."*

- „Gor ned su schlamberd."
- „Gschehng is gschehng."
- „Heid bassd widder alles zamm."

umersunsd
- „Heid gibds alles gradddis, morng ummersunsd."
- „Heid is ned mei Dooch, gesdern worers aa ned."
- „Hobb edz, weider gäihds."
- „Hosders widder gsehng."
- „Ich andworde dou mid einem ganz endschiedenen ‚Vielleichd'."
- „Ich lou mer scho wos eigäih – obber des?"
- „Ich sooch amol suu."
- „Ihr hobbds schäi."
- „Immer schäi geschmeidich bleim."
- „Irchndwos is immer."
- „Ja wou simmer denn?"
  (Ausdruck für fränkische Ratlosigkeit)
- „Ja, ja, wenns lang reengd, werd jeder nass."
- „Lach di grangg, nou bleibsd gsund."
- „Laidn hobbis hörn, obber ned zammschloong."
  (Gerücht)
- „Mach ner su weider."
- „Mancher lernds nie, mancher sugor nu schbüder."
- „Mer mou eimbfach wissn, wemmer aafhärn soll."
- „Mer mou eimbfach wissn, wos si ghörd."
- „Mich driffd der Schlooch."
- „Mir hängd edz glei der Moong raus." (Hunger)
- „Ned gschimbfd is scho globd gnouch."
- „Ned su brivaad, Herr Kameraad."
- „No, dou is doch alles zu schbääd."
- „Ruhich, Brauner, bleib amol aweng
  druggn im Schridd."

- „Roll di – du Doldi."
- „Sabberlodd."
- „Schau blouß, daßd di Kurvm derwischd."
- „Schau blouß, daßd weiderkummsd."
- „Schau blouß, daßdi schleigsd."
- „So – edzerdla – su schnell konns gäih."
- „Su a graißlichs Durchernander."
- „Su eimbfach is des."
- „Su gäihds derhie."
- „Su louer mers eigäih."
- „Su schäi mechdis aa amol hom."
- „Vo edz aff nacherdla."
- „Wäi bei Dschörmenis neggsd Debbn-Modell."
- „Wäi der Herr, su is Gscherr."
- „Wäi is Leebn asu läffd."
- „Waßd wäi i maan?"
- „Wassmers gwieß?"
- „Wemmers umkehrd sichd, is des ganz andersch rum."
- „Wenn gor nix mehr gängerd, mäiserds aa irchndwäi gäih."   *irchndwäi*
- „Wenner ned mooch, nou mooch er ned."
- „Wenni den Grambf scho här."
- „Wer lang frouchd, gäihd lang irr."
- „Wos mer hod, des hod mer."
- „Wos sei mou, mou sei."
- „Wos waß denn ich?"
- „Wos wassmer denn?"
- „Wos werdn des, wenns ferddi is?"

DER STAMMTISCHLER UND SEIN WIRTSHAUS

Viele, wirklich viele Zettel wurden mir nach Erscheinen meines ersten Bandes zum Thema *„Wärdshaus"* zugesteckt. Natürlich kann man nicht alles veröffentlichen, was gutmeinende Menschen als veröffentlichungswürdig oder originell erachten. Warum? Weil der fränkische Humor manchmal etwas spröde daherkommt. Und weil die Beschreibung der soziokulturellen Identität des Nürnbergers sich nicht immer und nicht in jedem Fall als druckreif erweist. Kommt übrigens in allen Landstrichen und in allen Dialekten vor.

Aber der Nürnberger ist dabei fast immer reumütig, wenn er mal rhetorisch überzogen hat. Er kommt dann in tiefster Gangart, fast schon unter der Teppichnarbe daher, und entschuldigt sich mit annähernd staatstragender Attitüde: *„Gell, der Schbruch wor edz ned su goud, no ja."* Der Franke ist ja auch niemals „gestört", er ist höchstens manchmal „verhaltensoriginell".

Apropos originell:
Da gibt es immer wieder Aussprüche, die gehören in Stein gemeißelt und mindestens für die Ewigkeit konserviert: *Schdammdisch* *„Schdammdisch is dou, wo die Seel hemdsärmelich am Disch lehnd."*

Der Stammtisch selbst war früher ein besonderer Tisch im Wirtshaus. In der Mitte gabs einen großen runden gläsernen Aschenbecher mit schmiedeeisernem Rand, mit halbrundem Griff und einem großen Messingschild. Was glauben sie, was auf dem Messingschild draufgestanden war? – Richtig! – „STAMMTISCH" stand drauf.

Diese Tische waren immer gleichzeitig Aufenthalts-
und auch Parkverbot für Nichtstammtischler. Das Gegen-
stück der Damen zu der Zeit war das *„Kaffeegränzla".*

Im Übrigen: Im Zeitalter denglischen Sprachgebrau-
ches muss festgestellt werden: Frühschoppen bedeutet
nicht Sonntag morgens einkaufen zu gehen.

Maximilian Kerner, der *„Kerners Max"*, ein leider nicht
mehr unter uns weilender Nürnberger Liedermacher, hat
einmal festgestellt, was er als fränkischer *„Wärdshausgän-*
ger" am meisten hasst, nämlich: *„Dacheslichd, Frischlufd*
und Mineralwasser. Derzou kummd des endsedzliche Ge-
brüll der Singvöchl am schbädn Vurmiddoch. No sauber."   *Vurmiddoch*

Beim Thema „Das fränkische Wirtshaus und seine
Speisekarten" möchte ich an dieser Stelle mit einem strit-
tigen Thema ein für alle Mal aufräumen: Der original
fränkische Kartoffelsalat gehört nicht(!) mit Mayonnai-
se angemacht. Alleine bei dem Gedanken *„schdellds mer*
ja scho is Zäbfla aaf". Natürlich wäre bei einem *„Mayo-*
Kaddofflsalood" nicht gleich der Untergang der fränkischen und der abendländischen Kultur besiegelt. Hab ich
mir gedacht. Und ihn halt nach langen Jahren zwangs-
läufig, weil es nicht anders ging, wieder mal *„aweng bro-*
bierd". Aber nur, um mich daran zu erinnern, warum es
mich damals schon fürchterlich geschüttelt hat.

Aus dem täglichen Sprachgebrauch, und zwar sowohl
von heute, aber auch von früher und auch von ganz, ganz
früher, praktisch aus der Ursuppe aller fränkischen Wirts-

hausthemen heraus, haben sich viele Weisheiten und Er-
kenntnisse manifestiert. Auf dem Parkett der Rhetorik
werden da manchmal perfekte Ausfallschritte zelebriert.
Ganz egal, ob es sich um den Wirt selbst, um die Wirtschaft oder das Wirtschaften dreht.

„Wenns rengd, machd der Wärd is besde Gschäfd."
Ein logischer, in sich selbst ruhender Standpunkt – oder?
Hat jemand die Folgen seines Handelns doch nicht richtig
bedacht, *„hodder di Rechnung ohne in Wärd gmachd"*.
Wenn jemand *„bam Wärd obber ganz schdargg in der
Greidn schdäihd"*, hat er kräftig anschreiben lassen. Und
dann gibt's natürlich noch die finale Bewertungsnote zur
entsprechenden Berufswahl: *„Wer nix werd, werd Wärd."*
Bösartige Nürnberger ergänzen den Satz noch mit den
beiden Zusatzworten *„in Färd"*.

Greidn

Eines wollen wir bitte nicht vergessen: Wie überall im
Leben gibt es natürlich auch im Gasthaus optisch gravie-
rende Unterschiede, die auf den Gast einwirken. Bei der
folgenden Situation kann ich von „Erlebnisgastronomie"
sprechen, weil ich sie selbst erlebt habe. Das Gasthaus
steht in Großhabersdorf. Die junge, fesche Bedienung
war ausgestattet mit einem schon sehr üppigen Dekolleté.
Während sie einen Teller mit Schweinebraten und zwei
ordentlichen Klößen vor sich her trug, bemerkte mein
Tischnachbar: *„Wou hörn edz dou di Glööß aaf und wou
fängd die Bedienung ooh?"*

Natürlich weiß man, dass der Begriff *„Wärdschafd"*
sich nicht nur auf das Gasthaus bezieht. Auch der Haus-

halt wird so bezeichnet, im positiven, wie im negativen. *„A saubere Wärdschafd hom däi banander."* kann sowohl höchstes Lob, wie auch schlimmste Beurteilung ausdrücken. Je nach Kontext im Text. *„Wenn däi su weiderwärdschafdn, nou werns scho sehng."* klingt unheilverkündend. Kommt noch der Zusatz *„no werns bald abgwärdschafd hom"*, dann ist meist Schicht im Schacht. Ist aber jemand eher dem Vergnügen als der Pflicht zugeneigt, *„nou finder is Wärdshaus viel schneller, wäi di Kerch"*.

Was übrigens meint der Nürnberger, wenn er im Wirtshaus *„Schnibosa"* bestellt? – Richtig – er meint *„Schnidzl, Bommes und Salood"*.

Schnibosa

Damit sind wir beim sprachreduzierten *„Wärdschafds-Deidsch"*.

Die Bedienung im vollbesetzten Lokal hat etwas den Überblick verloren. Originalton (und zwar schon leicht genervt): *„Wer wor denn edz des Schnidzl? Worn sie des Schnidzl?"* Antwort des gefragten Gastes: *„Schnidzl is der dou, ich bin der Schweinebroodn"*.

Dann greift auch noch der unnötige fränkische Konjunktiv: *„Dou häddmer edz zwaa mol Broudwoschd"*. Merke: Hier fehlt nicht nur der Artikel, sondern auch der Plural.

Aber es geht noch weiter.
Die Bedienung bemerkt: *„Zwaamol Obadzder kummd nu."* Der Gast: *„Kummer wird der ned, den werns scho bringer mäin."*

Wenn dann der extra ohne zusätzliche Butter bestellte „Obazde" wirklich endlich kommt, spart die Kellnerin sich sogar das Hauptwort: *„Dou häddmer edz zwaamol ohne."*

Hier mein Lieblings-Wortwechsel für Fortgeschrittene.
Die Frau: *„Konni amol des Cola?"*
Der Mann: *„Dou fehld is Verb."*
Die Frau: *„Konni bidde amol des Cola?"*
Der Mann: *„No also, gäihd doch."*

Im Folgenden habe ich als fränkischer Beobachtologe für Sie, liebe Leserinnen und Leser, wieder etliche Aussprüche, Zitate, *„Soocherer"*, Weisheiten, aber auch etliche Zwiegespräche aufgeschrieben. Manche habe ich selbst gehört und gleich notiert. Manche sind mir aber auch erzählt oder als Zettel zugesteckt worden. Der Wahrheitsgehalt war für mich da nicht immer zu überprüfen. Aber selbst wenn nicht alles wahr, sondern vielleicht ein bisschen erfunden ist, spiegelt es doch die fränkische Seele mit all ihren liebenswürdigen Facetten.

ZWIEGESPRÄCHE

- Auf der Speisekarte stehen „Hühnerschlegel".
  Buddlersbaa
  Die Bedienung: *„Ka Buddlersbaa hommer nemmer."*
  Der nichtfränkische Gast: „Wie bitte?"
  Die Bedienung: *„Ka Buddlersbaa hommer nemmer."*
  Der nichtfränkische Gast: „Wie bitte?"
  Die Bedienung:
  „Horch hald gscheid hi, wenni scho deidsch mid dir red."

- Zur Kirchweihzeit im Kirchweihzelt:
  Preußischer Gast zur Bedienung:
  „Die Getränkekarte bitte!"
  Die Bedienung: *„Zu wosn nou?"*

- Ständig und immerzu quasselnder Gast: *„Mir hom
  doch Meinungsfreiheit, dou derf mer doch alles soong."*
  Sein Widerpart am Nachbartisch: *„Meinungsfreiheit is,
  wenn ich zu dir sooch, daßd edz endlich dei Goschn*   *Goschn*
  haldn sollsd."

- Gast A: *„In der Zeidung schdehd ba di gebrauchdn
  Audos immer VB. Wos issn des?"*
  Gast B: *„Des haßd Verhandlungsbasis."*
  Gast C: *„Na, na, des haßd Vesdbreis."*

- Gast A:
  „Allmächd, wos hommern eigendlich fir an Dooch heid?"
  Gast B:
  *„Heid is Dunnerschdooch, in ganzn Dooch, und obnds
  mid Beleuchdung."*

- Fritz zum Karl:
  „Dei Frau hod uns firn Sunndoch nammidooch eiglodn."
  Karl zum Fritz:
  *„Wennder nachn Kaffedringgn kummd, könnder vurm
  Omdessen scho widder derhamm sei."*

- Gast A: *„Aa Minudn konn manchmol ganz schäi lang sei."*
  Gast B: *„Des kummd draf oo, af welcher Seidn von der
  Gloodüür dassd schdäihsd."*

- Gast A: „Schloufm eigendlich di Fisch aa?"
  Gast B: „Freili, zu wos gibbdsn sunsd a Flussbedd?"

- Der Gast bestellt ein Käsebrot.
  Bedienung: „Solls irchnd a bsonderer Käs sei?"
  Gast: „Naa, a ganz Schdinggnormaler."

- Gast A: „Hosd du ned an Brief und a Foddo vo dir an
  den Glubb der einsamen Widwen gschiggd?"
  Gast B: „Des Foddo homs widder zrüggggschiggd mid
  der Bemergung: „Suu einsam simmer aa widder ned"."

- Der Gast schafft sein Essen nicht ganz, möchte den Rest
  mit heim nehmen, geniert sich aber, das zuzugeben.
  Obwohl er gar keinen Hund hat, sagt er zur Bedienung:
  „Baggns mer des ei fir mein Hund."
  Nach ein paar Minuten bringt die Bedienung ein größe-
  res Päckchen und sagt: „Ich hob ihner nu a boor alde
  Gnochn und andere Resde derzouglechd."

Resde

- Gast A: „Morgnschdund hod Gold im Mund."
  Gast B: „Na, na, Morgnschdund is ganz schäi ungsund."
  Gast A: „Obber der frühe Vogl fängd doch in Wurm."
  Gast B: „Der frühe Vogl, der konn mich amol".

- Gast A:
  „Hosd scho ghärd, der Schorsch fährd edz Weggla aus."
  Gast B:
  „Ja, der kummd zwaamol däglich – fräih, middoch und
  ohmd."

- Gast A: „*Der Dings wor scho lang nemmer dou.*"
  Gast B: „*Welchn Dings maansdn du?*"
  Gast A: „*Nerja der, der wou manchmol kummd.*"
  Gast B: „*Ach suu, der.*"

- Die Frau im Wirtshaus hat sich die ganze Soße auf den
  Rock verschüttet.
  SIE: „*Moo, schau her, iich schau aus wäi eine Sau.*"
  ER: „*Jaa, und gleggerd hosd aa.*"   *gleggern*

- Gast A:
  „*Gesdern hobbi dei Frau in der Schdadt eikaafm sehng,*
  obber sie hod mich ned gsehng."
  Gast B: „*Ich waß scho, sie hoddmers erzähld.*"

- Gast A:
  „*Mei glanner Bou schläffd zurzeid recht schlechd.*"
  Gast B: „*Doud er aa fandasiern?*"
  Gast A: „*Ja scho, obber blouß ganz dünn.*"

- Gast A: „*Wos bisd du fir Schdernzeichn?*"
  Gast B: „*Löwe.*"
  Gast A: „*Mei Fernseher aa.*"

- Gast A:
  „*Also, im Wärdshaus erfährsd immer rechd viel Neis.*"
  Gast B:
  „*Schdimmd. Wenni in der Wärdschafd aa Bier dringg,*
  erfohri mehr Neuichkeidn, wäi wenni derhamm an
  Aamer Wasser dringg."

ZITATE

- „Ich konn heid mid 67 alles nu, wos i mid 17 könnd hob. Hald ned in aa und derselbm Wochn."

- „Däi Junger vo heid hom ka Ehrfurchd vur der Hochachdung und kann Sinn fir Inderesse."

- „Seid ich däi zwaa Wörder ‚Dings und Dingsbums' kenn, konni alles erglärn."

- „Es gibd Jahre, dou sollerd mer besser im Bedd bleim."

- „Ihr wissd scho, das der Gerch a wichdicher Moo is. Der is schdellverdredender Schdaubwischer am linggn Aussnbfosdn vom Fußballdoor vo der C-Jugnd."

- „Dou gibds doch den aldn Schlager: ‚Ganz Beilngries dräumd vo der Liebe …'"

Glambfn
- „Der Hartl? Manchmol schbield er Glambfn, manchmol schbield er Loddo und manchmol schbield er verrüggd."

- „A Dresn is eigendlich aa ganz schäi, dou kommer im Schdäih an sidzn hom."

- „Anns hobbi glernd: Drei Halbe sin a Essn, und nou hobbi nu ned amol wos derzou drunggn."

- „Mei Leben is a aanzigs Auf und Ab, seid derhamm mei Bier im Keller schdäihd."

- *„Ich hob ghärd, 8 Seidler Bier deggn in Daachesbedarf an Viddamin C. Also – Ernährung konn su eimbfach sei."*

- *„Wenn ich a Bier ohschau, no hör ich immer widder zwaa innere Schdimmen.*
  Die Aane sachd: ‚Hobb edz, dringg des Bier'.
  Die andere Schdimm sachd: ‚Ja, sooch amol, hörsd du ned? Du sollsd edz des Bier dringgn'".

- *„Wahre Schönheid kummd ned vo inner,*
  wahre Schönheid kummd vo Nämberch."

- *„Wennsd di raushäldsd, nou kummsd in nix nei."*

- *„Derf ich eich ananander vurschdelln?*
  Mondooch – des is di Müdichkeid
  Müdichkeid – des is der Mondooch.
  Ouh, ich glaab, ihr kennd eich scho!"

Und hier zum Schluss eine meiner Lieblings-Geschichten:
- Ein Radfahrer fährt ganz starke Schlangenlinien. Er wird von der Polizei aufgehalten und zur Rede gestellt mit folgenden Worten: *„Sie sin Schlangenlinien gfohrn. Sie hom beschdimmd wos drunggn. Schdeings amol*   *drunggn* *vom Fohrrod ab."*
  Darauf der Radler: *„Langd des ned, wenni di Scheibn runderdreh?"*

DER SCHIMPFENDE NÜRNBERGER

Schimpfen wird in Franken manchmal als Blitzableiter des Zornes bezeichnet, manchmal auch als Stuhlgang der Seele.

Bei Dr. Herbert Maas, dem Nürnberger Mundartpapst, heißt es wörtlich: „Das Schimpfen ist eine affektgeladene Reaktion mit sprachlichen Mitteln auf störende und ärgerliche Umwelteinflüsse". Aha! Auf viele Unzulänglichkeiten reagiert unser Nürnberger also mit teilweise aggressiv verbalen und rhetorisch manchmal gewaltigen Mitteln.

Schon die Bezeichnungen dafür sind vielfältig: „schimbfen", „mumbfeln", „belfern", „sottern", „gnaunzn", „brozzln", „bfobfern", „nörgln" und viele mehr.

Beim Schimpfen begibt sich der Franke genüsslich in ein Spektrum von rhetorischen Feinheiten bis hin zu verbalen Rasereien, und das oft versehen mit Steigerungsstufen bis hin zum Superlativ.

Hier ein typisches Beispiel eines sich steigernden fränkischen Fluches: „Dunnerwedder – Dunnerwedder nu amol – Kreizkiesldunnerwedder nu amol!" Wir wissen ja: Der Fluch ist immer objektiv, die Beschimpfung immer subjektiv.

Fregger

Auch hier werden die Steigerungsstufen ganz deutlich: „Fregger – elender Fregger – Hundsfregger, miserablicher."

Und was den „Fregger" (Verrecker) anbetrifft: Einer der übelsten Sprüche aus der fränkischen Abteilung für „agrarökonomische Fachvokabeln" aus grauer Vorzeit lautet:

„Weiberschderm is ka Verderm, obber Gaulverreggn, des is a Schreggn."

Manchmal übertreibt es der Franke auch. Dann werden in einem schieren Steigerungsrausch nicht nur das Adjektiv, sondern auch noch der unbestimmte Artikel und sogar ein ganzer Satzteil wiederholt: *„Bläider Doldi – bläider Doldi, bläider – ein ganz ein bläider Doldi bisder doch du, ein ganz ein bläider."*

Wir haben jedenfalls festgestellt: Gerade das mundartliche Schimpfen öffnet Ventile des Zornes, und dann entweicht Luft auf urig verbale und oft sehr fantasievolle Weise.

Übrigens:
Eines der häufigsten Wörter in diesem Zusammenhang, das von Männern im Zorn an ihre Frauen gerichtet wird, heißt „Werner": *„Werner du blouß ned su wäi dei Mudder!"*

„Werner"

Aber jetzt zu den Frauen.
Selbst wenn man bei diesem Thema in einer polemischen Sackgasse enden könnte – ich probiere es trotzdem. Auf eigene Gefahr. Versprochen. So, aber jetzt. Was ist fränkischen Frauen wichtig? Genau – der Weltfrieden und an Weihnachten ein schöner Christbaum. Klappt das nicht, schimpfen sie.

Frauen schimpfen aber nicht nur, sie nörgeln auch. Und zwar reichlich. Die Ursache ist nicht immer völlig klar. Könnte das Vitaminmangel sein? Ist es den Macken der Evolution geschuldet? Will – gerade die fränkische Frau –

ihren rhetorischen Claim abstecken? Oder soll der Mann nach jahrhundertelangem Patriarchat endlich domestiziert werden, *„damid seine Baim ned in Himml wachsn"*? Raunen da vielleicht sogar die femininen fränkischen Gene?

Gerade im Nürnberger Umfeld habe ich folgendes beobachten können: Die Art und Weise, wie Frauen ihrer Meinung sprachlichen Ausdruck verleihen, ist besser und vorsichtigerweise immer wie ein Manifest zu betrachten. Selten erklingen sie dabei liebevoll, oft aber brachial. Es gibt da leider – in früheren Zeiten auch bei mir selbst – ganze Füllhörner prägender Erfahrungen.

Es muss ja nicht immer und in jedem Fall gleich so sein, dass die Frau zur Axt greift und „Ehegattensplitting" betreibt und dabei alles in Scherben schlägt. Kenne ich auch. Aber es gibt oftmals und immer wieder einen interessanten Meinungsaustausch. Der Mann geht dann mit seiner Meinung in ein Gespräch rein und kommt mit ihrer Meinung wieder raus.

Zum Thema „Schimpfen und Nörgeln in der Ehe" hat mir mein Nachbar folgende Geschichte mitgegeben:
budzn   *„Und budzn denners, die Frauen,*
obs fordgänger odder derhamm sin.
Derhamm denners
Fensder budzn,
die Dreppm budzn
den Schbargel budzn,
den Chrisdbaum budzn
und bevuurs fordgänger, denners

ihre Zeeh budzn,
die Brilln budzn,
die Schouh budzn,
und ihrn Moo budzns immer zamm,
obs ford sin odder derhamm.“

Selbst bei Komplimenten für seine bessere Hälfte muss
der fränkische Mann äußerst vorsichtig sein.
Beispiel: Er: *„Äih, Schnuggibudz …“* (Schnuckiputz)   *Schnuggibudz*
Sie: *„Wor edz des a Kosename odder a Aufforderung?“*

Noch ein kleiner Hinweis an den fränkischen Mann
als solchen: Wenn Frauen schimpfen oder nörgeln, bitte in einer solchen Situation keine Diskussionen führen
– *„gell“*! Gar nicht erst ausprobieren! Das geht schief!
Die Verständigung mit einer fränkischen Frau in diesem
speziellen Moment kommt einem Drahtseilakt gleich.
Netz oder doppelten Boden gibt es hier aber nicht.

Große Ausnahme: Alle meine Leserinnen. Die sind
nicht so. Die sind ganz anders. *„Wärgli!“*

Es gibt ganze Sammelsurien, ja ganze Bücher voll
Nürnberger und fränkischer Schimpfwörter. Hier ist nur
eine kleine Auswahl von Wörtern, die kaum mehr verwendet werden, die aber manche der nicht mehr ganz
jungen Leserinnen und Leser aus früheren Zeiten noch
kennen dürften:

- „*Gnodzn*" → sturer Widerspruchsgeist
- „*Gischbl*" → hektischer Mensch
- „*Grischbl*" → dünnes Mannsbild
- „*Gaggl*" → übertrieben modebewusster Mensch
- „*Rindskamobbl*" → einer, der überhaupt nicht mitdenkt
- „*Maulaff*" → Vielschwätzer
- „*Schnerpflzuller*" → lästiger, dummer Mensch
- „*Bärschdn*" → widerspenstige Frau
- „*Gradzbärschdn*" → Steigerungsstufe (s. oben)
- „*Brodzzlsubbn*" → zänkische Frau
- „*Schwardn*" → böse Frau
- „*Bissgurrn*" → aggressive Frau
  („*Gurre*" = widerspenstige Stute)
- „*Gnobbern*" → sturer Mensch
- „*Hundsgnobbern*" → Steigerung (elendicher)
- „*Haschbl*" → Wirrkopf
- „*Heichdl*" → törichter Typ
- „*Heigeing*" → lange dürre Frau
- „*Bumbmschduug*" → kleine gedrungene Frau
- „*Hobbsdolln*" → unruhiges Frauenzimmer
- „*Schlamber*" → unordentlicher Mensch
- „*Glälfl*" → unhöflicher Mensch
- „*Gaaßhirn*" → vergesslicher Mensch
- „*Gnalldebb*" → Steigerung von Debb
- „*Zumpfl*" → unsaubere schmutzige Frau
- „*Beddbrunzer*" → inkontinenter Mensch
- „*Banggerd*" → uneheliches Kind
  (auf der Bank gezeugt)

Raadschn
- „*Schwerdgoschn/Raadschn*" → geschwätzige Frau
- „*Sulln, bläide*" → nicht ganz clevere Frau

- *„aufgschdellder Mausdreeg"* → kleine wichtigtuende Person
- *„Abbordbrinzessin"* → Toilettenfrau
- *„Schrulln, alde"* → alte, verschrobene Frau
- *„Briddschn"* → Frau mit zweifelhaftem Ruf
- *„Dunnerwedderschläbbern"* → Frau mit losem Mundwerk
- *„Grawallschachdl"* → keifende, streitsüchtige Frau
- *„Greinmeicherla"* → Heulsuse
- *„Gschwaddl"* → übler Menschenschlag
- *„Madz"* eigensinniges Weib
- *„Schlumbl"* → schlampige Frau
- *„Zanga"* → böses Weib
- *„Brunzkachl"* → ungepflegt riechende Frau
- *„Sumbfhenna"* → einfältige, oft betrunkene Frau
- *„Raadschkaddl"* → „Unterhaltungskatharina"

Sumbfhenna

Es gibt Menschen, die entweder des Nürnberger und des fränkischen Dialektes nicht so mächtig sind, oder die mangels Fantasie und Flexibilität im gerade verärgerten seelischen Aggregatszustand spontan nach ausdrucksstarken Bemerkungen suchen. Für die habe ich hier ein probates Mittel, kraftvolle Entgegnungen und Bezeichnungen schnell und vorgetäuscht schlagfertig zu kombinieren.

A	*„Greislicher"*	1	*„Gsichdsgrabfm"*
B	*„Bugglerder"*	2	*„Gnalldebb"*
C	*„Reigschmeggder"*	3	*„Zibfl"*
D	*„Bläidgsuffner"*	4	*„Gaggerlerskubf"*
E	*„Kindischer"*	5	*„Sandler"*
F	*„Schäicher"*	6	*„Vollhorsd"*

G	„Debberder"	7	„Dreegbambl"
H	„Versuffner"	8	„Ruudsleffl"
I	„Zammgsuffner"	9	„Hanswoschd"
J	„Braadorscherder"	10	„Diddlersbadscher"
K	„Breißischer"	11	„Zechbreller"
L	„Sabbernder"	12	„Orschmannskorla"
M	„Eigseifder"	13	„Bierdümbfl"
N	„Dreggerder"	14	„Mäusmelger"
O	„Überflüssicher"	15	„Bfenningfuggser"
P	„Labericher"	16	„Gifdzwerch"
Q	„Rumziebferder"	17	„Kaschberlerskubf"
R	„Wamberder"	18	„Schluggschbechd"
S	„Bsuffner"	19	„Beddbrunzer"
T	„Verkummerner"	20	„Gässlersgeicher"
U	„Zammzuungner"	21	„Debbmhaufn"
V	„Kindischer"	22	„Grambfbolln"
W	„Damischer"	23	„Schnallndreiber"

Versuffn

Dazu schnell noch ein Anwendungsbeispiel: Die Kombination H 21 hieße dann: „*Versuffner Debbnhaufn*".

Hier, liebe Stammtischler, noch ein kleiner hinterfotziger Hinweis fürs Wirtshausleben: Wenn Sie diese Tabelle kopieren und an einen kleinen auserwählten Personenkreis verteilen, dann kann beispielsweise ein neuer, möglicherweise wenig gelittener Gast beispielsweise mit C 16 bezeichnet werden, ohne dass der entsprechend Nummerierte überhaupt durchblickt und sich damit natürlich auch nicht beleidigt fühlt.
(„*Mou obber under uns bleibm – gell!*")

... DER FRANKE KANN AUCH ANDERS ...

Ein ganzes Kapitel haben wir dem schimpfenden Franken gewidmet. Mit dem Schimpfen verschafft sich unser Franke und vor allem unser Nürnberger ordentlich Luft. Wenn es sein muss. Aber nur dann. *„Wärgli."*

wärgli

Merke: Er schimpft niemals ohne Grund. Wird er aber rhetorisch frontal angegriffen, egal von wem, dann ist es mit der Zurückhaltung vorbei. Dann greift er zu Stilmitteln, die nicht unbedingt in die Abteilung „Sprachliche Diplomatie" passen.

Es geht dann nicht mehr ums Schimpfen, sondern um das Beschimpfen. Ich glaube aber, auch das gehört unbedingt in die Sammlung unserer Umgangssprache, wenngleich diese spezielle Sammlung am unteren Rand des Unterhaltungsniveaus anzusiedeln ist.

Ich habe mich umgehört und dabei fleißig gesammelt. Dabei möchte ich betonen, dass es keinesfalls empfehlenswert ist, diese teilweise ätzende Kollektion leichtfertig in unseren täglichen Sprachgebrauch zu integrieren.

Aber jetzt:

- „A Dooch ohne dich is fir mich wäi a Monad Urlaub."
- „Sollde ich dich edz beleidichd hom,
  däd mi des aufrichdich freier."
- „Red eimbfach weider,
  irchndwann werd scho wos Vernümbfdichs derbei sei."
- „Du verschöönersd wärgli jedn Raum – beim Verlassn."
- „Ich vergess nie a Gsichd,
  obber in deim Fall däädi amol a Ausnahm machen."
- „Is fir dich heid a bsonderer Dooch –
  odder bisd du immer su bläid?"

Moonggschwür
- „Derf ich mei erschds Moonggschwür nach dir benenner?"
- „Wos mahnsd edz du als Unbedeilichder
  zum Deema Indelligenz?"
- „Wenn des schdimmd, dass mer aus Fehler lernd,
  nou mäißersd du bald a Schenie sei."
- „Alles bhäld er fir sich – der Debb,
  blouß sei Meinung ned."
- „Wenn dich di Dummheid aa nu verläßd,
  nou bisd ganz allans."
- „Red ned suviel ieber dich selber,
  des machen scho mir, wennsd du ganger bisd."
- „Gell – di Weisheid hod dich gjoochd,
  obber du worsd hald eimbfach schneller."
- „Bisd du als Anhalder kummer?
  Du schausd su midgnummer aus."
- „Deine Zähn sin wäi die Schdern am Himml.
  Su gelb und su weid asernander."

- „Schdimmd des, wos dei Mudder erzähld hod?
  Wäi dich dei Vadder is erschde mol gsehng hod, hodder in
  Schdorch derschossn?"
- „Du erreichsd wärgli di Schdärge 9
  af der nach obm offnen Sumbfhuhnskala."
- „Du schausd aus wäi a Mischung as Resdalgohol
  und seniler Frühvergreisung."
- „Du hosd ja ned amol an Schimmer
  vom Dunsd anner Ahnung."
- „Mit dir däädermi ganz gern geisdich duelliern,
  obber du bisd ja immer unbewaffned."
- „Worsd du heid scho af irchnd an Berch?
  Wall du schausd su runderkummer aus."
- „Dich behandln mer edz wäi a rohs Ei.
  Dich haumer in di Bfanner."
- „Du kummsd daher wäi a modebollidischer Amogläufer."
- „Aus däi Bredder wousd du vurm Kubf hosd,
  könnd mer a ganz schäins Hulzhäusler bauer."
- „Wenn du möchersd, dasss mer dich bewunderd,
  nou fläich nach Indien und schrei ‚Muuh!'"
- „Jeder hod des Rechd, manchmol aweng bläid zum sei.
  Obber ieberdreibsders du ned gscheid?"
- „Wos willsd du? Heid nu wos aufreißn?   *Gloodüür*
  Is anziche, wos du nu aufreißd, is di Gloodüür."
- „Du konnsd ja ned amol 22 schreibm,
  walsd ned waßd, wos fir Zweier zerschd kummd."

„ZEICH UND WOAR" (ZEUG UND WARE)

Am Ortsausgang von Katzwang, Richtung Kornburg, hatte mein alter Kumpel Heinz Denk einen Imbiss. „Schmankerl-Hüttn" hieß die Bude und war tagsüber Treffpunkt so mancher Katzwanger Rentner. Richtig gut kochen konnte der Heinz, und wenn man ihn nach seinen Zutaten gefragt hat, kam immer die Antwort „*Aweng a Salz, aweng an Bfeffer und Glumb und Zeich und Woar.*" Aha. Diesen inhaltsschwangeren Spruch hat er dann auf fast alle Bereiche des täglichen Lebens übertragen und wie eine Monstranz täglich ein paar mal vor sich her getragen.

Die Begriffe „*Zeich*" und „*Woar*" sind ja wirklich im fränkischen Sprachgebrauch fest verankert. Wenn man jemand heftig kritisiert, kommt oft die Antwort „*ich lou mer doch ned am Zeich fliggn*". Soll sich jemand bei der Arbeit sputen, rät man ihm, er solle „*draf hauer, wos is Zeich hält*".

Zeigt die frisch vermählte Fränkin ihrer Nachbarin stolz die Aussteuer samt Bettwäsche, wird die bemerken „*A schäins Beddzeich hodds, die Renaade.*" Schlampige Kinder bekommen oft zu hören: „*Raamd endlich eier Zeich wech.*" Und wenn die Oma vorsichtig, diplomatisch und pädagogisch mit den ersten Schritten am Computer vertraut gemacht werden soll, gibt sie oft nach kurzer Zeit schon auf mit den Worten: „*Des neimodische Zeich dou, dou kennder mer gschdulln bleim.*"

gschdulln

Und hier eine nicht verbriefte Unterhaltung aus wirklich alter Zeit. Die eine Nachbarin erzählt der anderen, dass ihr Sohn auf die Sonderschule geht. Kommentar der anderen: „*No ja, wenner is Zeich derzou hod.*"

Früher haben die fliegenden Händler *„ihr Zeich oo-buudn"*. Manchmal *„is des Zeich wechganga wäi warme Weg-gla"*. Eine nicht näher bezeichnete größere Menge ist *„a Haufm Zeich"*, und geht es um verbotene Angelegenhei-ten, *„will mer mid dem Zeich nix zum dou hom"*. Müssen Arbeiten termingerecht fertig werden, *„mou mer si ins Zeich leeng, dass mer ferdi werd"*. Dann hat man aber auch *„sei Zeich erledichd"*. Ältere Bauern fragten einander oft: *„Hosd edz du scho dei Zeich gregld?"* Natürlich wollten sie wissen, ob der jeweils andere sein Testament gemacht hat.

Weggla

Darf man, wenn es um mundartliche Themen geht, ein zutiefst menschliches Thema so einfach aussparen? Nein? Also gut! Hier die im Sprachgebrauch fest verankerte Antwort der Ehefrau, wenn der Ehemann von Zuneigung übermannt, *„aweng nieberlangd"*: *„Här aaf, ich hob mei Zeich."*

Und in Franken und in Nürnberg gehört zum *„Zeich"* die *„Woar"*. Heute und früher auch schon. Am Sonntag wurde die Extra-Sonntagskleidung angelegt. Dann gabs oft bewun-dernde Kommentare: *„A feine Woar hommer heid widder amol oh."* Antwort: *„Däi goude Woar kommer ja aa ned jedn Dooch oozäing."*

Einem sparsamen Menschen hat man schon immer be-stätigt: *„Der häld sei Woar zam."* Einerseits. Will aber andererseits der frisch verliebte Nürnberger seiner Er-oberung ein Getränk ausgeben, und die möchte aber doch noch *„aweng Abschdand haldn"*, wird sie sagen: *„Na, na, ich zohl mei Woar selber – gell."*

Hier die Unterhaltung am Nürnberger Frühstückstisch: *„Der Meiers-Begg* (Bäcker) *hod a goude Woar, obber in Hubers-Begg sei Woar konnsd vergessn. Der konn sei Woar bhaldn."*

Wenn im Frühjahr die Natur aus dem Winterschlaf erwacht und alles grünt, hört man immer wieder: *„Edz dreibds die Woar obber gscheid raus."* Und die Frage der Mama an das Kind nach dem Fortgang der Hausaufgaben klingt dann in etwa so: *„Hosd dei Woar scho glernd?"*

Woar

Themawechsel. Wenn unsere Politiker in Berlin entweder durch fragwürdige Beschlüsse oder durch lästige Personalquerelen wieder mal dafür sorgen, dass die Menschen nicht politikverdrossen, sondern politikerverdrossen werden, hört man bei uns: *„Lauder su a bläide Woar machen däi. Des is doch ka Woar ned."* Wobei wir bei der Aussage *„ka Woar ned"* wieder mal bei der doppelten fränkischen Verneinung wären.

Noch ein Beispiel. Der eine Nachbar erklärt, dass der Nachbar vom andern Nachbarn um die Häuserecke wiederum einen Nachbarn hat, der angeblich und unter vorgehaltener Hand dies oder das erzählt habe. Zweifelnder Kommentar mit extrem hochgezogenen Augenbrauen: *„Glaab däi Woar."*

Damit *„däi ganze Woar"* nicht ausufert, wollen wir damit dieses Kapitel beenden. Hab ich so dem Ted Hertle, meinem Lektor, erklärt. Dessen Antwort: *„Mach edz fei blouß ka Woar."*

GESCHÄFTSFRÄNKISCH

Wir haben es auch hier wieder mit diesem Thema zu tun, das sich mit tibetanischer Gebetsmühlenhaftigkeit und endlos wiederholt, durch alle fränkischen sprachlichen Themen zieht, und immer wieder Anlass gibt, zu schmunzeln, zu lachen, oder aber auch respektvoll ein zustimmendes Kopfnicken mit gleichzeitig hochgezogenen Augenbrauen zu zeigen.

Es geht um die Verschlankung in der Umgangssprache, um das Reduzieren auf das sprachlich notwendigste, um die Verbalverknappung, und im Besonderen hier im geschäftlichen und vorwiegend handwerklichen Bereich.

Immer wieder ist zu beobachten, dass in die Augen von nichtfränkischen Geschäftspartnern oder Kunden erst Fragezeichen, dann aber ganz schnell Ausrufezeichen gezaubert werden. Der Franke ist eben unkompliziert. Gut so.

Hier ein paar Beispiele:

- *„Des gräing mer scho hi."* → „Wir werden uns des Problems annehmen und sind sehr zuversichtlich."
- *„Aweng wos gäihd immer."* → „Eine Kompromisslösung wäre ohne weiteres vorstellbar."
- *„Hobberla!"* → „Jetzt haben sie mich überrascht."   *Hobberla*
- *„Su a Gfredd!"* → „Das Problem ist komplex und bedarf weiterer Überlegungen."
- *„Ja, schbinni!"* → „Ich kann nicht glauben, was sie mir hier berichten."
- *„Wäi läffdsn asu?"* → „Sind sie mit der Entwicklung zufrieden?"

- „*Su is ja aa widder ned.*" → „Ihre Schilderung des Umstandes entspricht, glaube ich, nicht ganz der Realität."
- „*Su a Schmarrn!*" → „Ich bin da ganz anderer Meinung!"
- „*Ja scho.*" → „In diesem Punkt teilen wir ihren speziellen Ansatz."
- „*Hä?*" → „Ich habe sie akustisch leider nicht ganz verstanden."
- „*Dou kommer nix machen.*" → „Ich sehe mich außerstande, die Situation grundlegend zu ändern."
- „*Also, baggmers!*" → „Wir sollten uns entschließen, das Projekt unverzüglich zu realisieren."
- „*Bassd scho!*" → „Ich habe ihre Bemühungen sehr wohlwollend registriert."
- „*Des konni ihner soong …*" → „Folgendes möchte ich besonders betonen …"
- „*Könnd scho sei.*" → „Es spricht einiges dafür, dass sie Recht haben."
- „*Hommer ned!*" → „Dieser Artikel ist momentan nicht verfügbar."
- „*Machmer ned!*" → „Ihr Wunsch in diesem Fall kann uns leider nicht Befehl sein."
- „*Des glaabm aa blouß sie.*" → „Vermutlich sind sie der einzige mit dieser Meinung."
- „*Suu eimbfach is des fei ned.*" → „Der Sachverhalt stellt sich doch etwas komplizierter dar."
- „*Kommer dodaal vergessn.*" → „Diese Lösung sollte von vorneherein ausgeschlossen werden."
- „*Obber heid nemmer.*" → „Wir werden das heute wohl nicht mehr ganz hinbekommen."
- *logger* „*Des langd logger.*" → „Hier gibt es noch genügend Spielraum."

- *„Gwieß ned!"* → „Ich habe Zweifel an ihrer Darstellung."
- *„Edz obber schnell naus!"* → „Bitte verlassen sie unverzüglich diese Geschäftsräume!"
- *„Bläid gloffm."* → „Der Verlauf war vorher nicht exakt zu kalkulieren."
- *„Genau – des sooch ich aa."* → „Da gebe ich Ihnen recht."
- *„Mid suwos wennsd mer ned abhausd!"* → „Damit befasse ich mich erst gar nicht!"
- *„Schau mer hald amol."* → „Eine detaillierte Stellungnahme ist momentan nicht möglich."
- *„Edz ward mer hald amol."* → „Im Moment gibt es keine konkrete Entscheidung."
- *„Ja, schbinni – odder wos?"* → „Ich kann nicht glauben, was ich da gerade höre …"   *schbinni*
- *„No ja, wenns maaner …"* → „Bevor wir streiten, gebe ich Ihnen recht."
- *„Horch amol, Freind …"* → „Es wäre jetzt besser, genau zuzuhören."
- *„Bass amol aaf, Masder!"* → „Ich brauche ihre ungeteilte Aufmerksamkeit!"

„VIER NÄMBERCHER GSCHICHDLA … "

… die mir genauso weitererzählt worden sind …

1)

Die Nürnberger sind ja sehr kulturbeflissen. Hier ein kleines Zwiegespräch zwischen einem amerikanischen Touristen mit wirklich sehr breitem amerikanischen Akzent und einem alteingesessenen Nürnberger Bürger im Wirtsgarten vor dem Bratwursthäusle:

- Ami: „Sie haben eine wunderschöne germanische Nationalmuseum …"
  Nürnberger: *„Wos sie ned soong!"*
  Ami: „… und einen wundervollen Gemäldegalerie …"
  Nürnberger: *„Machngs fei a Woar …"*
  Ami: „… und ihre Altstadtmuseum is very interessant …"
  Nürnberger: *„Edz härns obber auf …"*
  Ami: „… und ich lieben ihre Verkehrsmuseum!"
  Nürnberger: *„Edzer suwos, des sollerd mer si wergli alles amol ooschauer …"*

2)

Nürnberger sind auch sehr unkompliziert und sehr versöhnlich. Zwischen dem Dutzendteich und dem Stadionbad befindet sich der Nürnberger Campingplatz. Ein abreisender Preuße erklärt dem Platzwart sehr lautstark:

„Die Mücken waren entsetzlich, die Leute unausstehlich, das Wetter unmöglich, das Essen war eine Unverschämtheit und die sanitären Anlagen eine Sauerei, der Lärm war unerträglich und das komplette Personal unfreundlich bis dorthinaus".

Haubdsach   Darauf der fränkische Platzwart: *„Haubdsach – sunsd seider zufriedn gwesn."*

3)

Die Oma belehrt das Enkelkind über ihre flüssigen praktischen Erfahrungen bei bestimmten Erkrankungen:

„Zur bessern Verdauung dringg ich a Bier. Bei Abbedidd-losigkeid dringg ich an Weißwein, bei niedrichm Bludd-druck an Rodwein. Hobbi an houchn Bluddrugg, nou dringg ich an Konjak, wenns mir schlechd is, an Under-berg und wenni erkälded bin, dringg i an Slivovitz.“

„Und wann dringgsd du amol a Wasser, Oma?“

„Su schwer grangk wori nu nie!“   *grangk*

4)

Dr. Dieter Dietrich aus Dietersdorf bestellt in der Stamm-kneipe ein Tatar. Die Kneipe ist gerammelt voll, und die Bedienung, eine echte Fränkin, bringt das Essen. Sie sieht den Gast nicht gleich sitzen. Lautstark, wirklich sehr laut-stark fragt sie: (Hochdeutsch würde das so klingen: „Ist der Dieter da? Da, Dieter, Dein Tatar“.

Bei unserer fränkischen Bedienung klingt das dann so (und jetzt bitte laut lesen):

„Is derdiderdoudadiederdeidadaa.“

DER HIMMEL, DER HERRGOTT UND DIE WELT

Im Jahr 1525, also dem Jahr der Reformation, war Nürnberg eine der ersten Städte, die im damaligen „Glaubenskrieg" erst rein protestantisch war, sich dann aber konziliant zeigte. Sowohl den Katholiken als auch den Evangelischen wurde eine religiöse Heimat gegeben.

Über den Himmel, über den Herrgott und letztlich auch über die ganze Welt hat sich der Nürnberger Franke viele Redensarten erhalten, die bis in die heutige Zeit immer noch Gültigkeit haben.

Wenn sich am blauen Himmel viele Schäfchenwolken gezeigt haben, hat meine Omi immer gesagt: *„Scha hie, der Himml bäggd Käichla!"* (der Himmel bäckt Küchlein). Hier nur ganz nebenbei – wenns aber kräftig geregnet hat, bemerkte sie immer wieder: *„Schau naus, di Sunner scheind in Schdrömen."*

Käichla

Hat man sich mächtig verliebt und spürt die berühmten Schmetterlinge im Bauch, sagt man nicht nur in Franken: *„Der Himml hängd vuller Geing."* Man verspricht dann der neuen Angebeteten *„is Blaue vom Himml runder"*. Jahre oder Jahrzehnte später wird unser fränkischer *„Scharmör-Bolzn"* dann aber hinter vorgehaltener Hand seinem Kumpel bekennen:
„Ich könnd mei Frau in Himml hebn, blouß dromer bleim mäißerds".

Andererseits gibt es den Spruch: *„Himml und Höll kummer nu eher zamm, als wäi däi zwa."* Ja, ja, früher gabs noch mehr Kuppel-Versuche, um zwei Menschen gezielt zusammenzubringen. Hat es dann doch nicht geklappt, galt obiger Spruch.

Dass *„nu ka Masder vom Himml gfalln is"*, gilt als allgemein bekannt und gilt heute noch. Ausgewiesenen fränkischen optimistischen Frohnaturen hat man immer schon bestätigt: *„Der lachd sugor nu, wenn der Himml eifälld."*

Es gab früher an meinem Stammtisch einen Menschen, der wusste immer alles besser. Manchmal hat er auch geflunkert. Dass ihn sein Gegenüber einmal deutlich gemaßregelt hat, sei hier auch erwähnt, denn der Spruch hatte es in sich: *„Wennsd du di Goschn aafmachsd, glingd des immer su, als wenn a Gluuchscheißer Durchfall hod."* Es ging aber mehr um die Unwahrheiten, die er verbreitet hat. Mein Nachbar hat oft darauf geantwortet: *„Wers glabd, wird seelich, wers ned glabd, kummd aa in Himml."*

Gluuchscheißer

Warum der Himmel in der sprachlichen Entwicklung auch sehr oft für das Fluchen herhalten musste, erschließt sich mir nicht so deutlich. *„Himml, Oarsch und Wolgnbruch"*, aber auch *„Himml, Oarsch und Zwirn"* sind wohl die bekanntesten. Diese Reihe wollen wir jetzt aber nicht so umfangreich beleuchten.

Immer wieder wird im Dialekt auch der Herrgott bemüht. Und da gibt es einen Spruch, der nicht auszurotten ist, der aber niemals Berechtigung hatte, in der Gegenwart auch keine Berechtigung hat und in der Zukunft wohl nie Berechtigung haben wird. Der Spruch heißt: „Man muss

Gott für alles danken, sogar für einen Mittelfranken". Wer diese Aussage je getätigt hat, der hat den Weg von der Barbarei zur Dekadenz ganz sicher ohne den Umweg über die Kultur gewählt.

Das musste einfach mal gesagt werden. So!

Hat man früher von Ungerechtigkeiten erfahren, hörte man oft: *„Der Herrgodd wärds scho richdn."* Im Gegensatz dazu hieß es *„Der Herrgodd solls dir vergeldn.",* wenn man viel Hilfsbereitschaft erfahren hat. Müßiggängern hat man immer wieder nachgesagt: *„Der schdiehld dem Herrgodd den ganzn Dooch",* und einem Lebensküstler, der vorsätzlich und erfolgreich faul daherkommt, wird mit dem Spruch bedacht: *„Der läßd in Herrgodd an goudn Moo sei."*

Der jährliche Besuch auf dem Herbstvolksfest gehört bei mir zu den Fixpunkten im Jahresablauf. Innerlich – wirklich nur innerlich – fang ich dann als heimlicher Beobachtologe immer das Frozzeln über meine Mitmenschen an und hab dabei auch noch Spaß. Abschließender Gedanke über solcherlei Betrachtungsweisen eines Franken über seine Mitmenschen: *„Allmächd, der Herrgodd hod scho an grouβn Diergardn."*

So, und damit wären wir bei der ganzen Welt. Gerade bei uns haben sich seit Menschengedenken Formulierungen über „Gott und die Welt" verfestigt. Ein weitgereister Mensch *„is af der ganzn Weld rumkummer".* Der wird

nercherdswou   dann erzählen: *„Nercherdswou is su schäi wäi af der Weld."*

Abseits der Großstadt *„is di Weld mid Bredder ver-noogld"*, *„dou wohner di Leid ja am End vo der Weld"*. Ein geschehenes Ereignis *„läßd si nemmer as der Weld schaffm"*. Ungeduldige und mit wilder Schaffenskraft ausgestattete Menschen *„mecherdn am läibsdn die Weld eireißn"*.

as der Weld

Dass *„Geld di Weld regierd"*, ist nichts Neues. Daher stammt auch die alte Lebensweisheit: *„Suu is des af derer Weld – der aane hod den Beidl, der andere hod is Geld."* Ist der Preis für eine Ware aber recht günstig, sagt man *„Des kosd obber ned di Weld."*

„Ned um die Weld dringk ich an Schnabs!", so erklärte ein ehemaliger Arbeitskollege seine Abstinenz schärferen Getränken gegenüber. Aber einmal, bei einer Betriebsfeier, hats ihn doch erwischt. Am nächsten Tag, einem Samstag, hab ich ihn angerufen, und wollte wissen, wie er denn seinen Kater bekämpft. Einziger Kommentar von ihm: *„Waßd wos, ich hau mi edz widder in mei Falln, nou konn mi di ganze Weld am Oarsch leggn."*
Also gut. Akzeptiert. Ausnahmsweise.

„DER VADDER UND DIE MUDDER"

„*Vadder und Mudder, Vaddi und Muddi, Mamma und Babba*", all die Bezeichnungen klingen wohl schöner und wärmer im Ohr des Franken, als das denglische „Dad und Mom". Dieses trendige Vokabular wird oftmals nur so locker dahinschwadroniert.

Hier ein kleiner persönlicher, sicher sehr subjektiver Zwischenruf meinerseits:
„Überhaupt nerven mich die gewaltsam integrierten unnötigen Anglizismen in unserer Sprache. Ich hab da immer den Eindruck: Verstand ist ausgekoppelt, Schnauze läuft leer, Hirn ist vom Netz genommen. Da fällt mein Geist dann oft ins Koma. Nicht der Körper. Der läuft auf Autopilot weiter. Ja, ich weiß, sehr subjektiv. Trotzdem. Wollte ich schon lange mal bemerkt haben."

Aber zurück zu „*Vadder und Mudder*".
Eine beliebte Spielart in meiner Kindheit war „*Vadderlens und Mudderlens schbieln*". Die Puppen waren unsere Kinder. An denen haben wir dann unsere ersten pädagogischen Fähigkeiten ausprobiert mit der formidablen Möglichkeit, als Kind schon autoritär zu sein und den Puppenkindern den erhobenen Zeigefinger vor Augen zu führen.

Selbst bei den alten Kirchweihliedern sind die Eltern verankert: „*Und der Vadder hods gsachd, und di Mudder sachds aa, edz is der Bou grouß worn, edz brauchder a Fraa.*"

Bou

Auch das „Vater-Sohn-Gespräch" hat man in einen Reim gepresst: „*Und mei Vadder hot gsacht, Bou hau a boar Scheitla, aber ich hob verstandn: Bou kaaf der a*

Seidla." Wenn der Sohnemann augenscheinlich viele Arten und Unarten des Vaters angenommen hat, hört man immer wieder: *„wäi sei Vadder"* oder *„edz gräd er sein Vadder obber gscheid nouch"*.

Dazu passt auch der Zweizeiler:
„Wäi der Acker, so die Ruubn,
wäi der Vadder, so die Bubn."

Unfolgsamen und frechen Nachbarskindern hat man oft drohend hinterhergerufen: *„Ich wenn dei Vadder wär ..."* Konkrete Konsequenzen hat man aber dann geflissentlich verschwiegen.

Versperrt jemand den anderen die Sicht, ruft man ihm zu: *„Dei Vadder wor wohl a Glaser?"*

Und jetzt zur Mutter. Die Stellung der Mutter war – sicher zurecht – in allen Kulturkreisen schon immer eine besondere. Und genauso zurecht gibt es den Spruch: *„Vadder verlurn, viel verlurn, obber Mudder verlurn, alles verlurn."*

Aber nicht nur respektvolle, sondern auch respektlose Sprüche gibt es, meistens altüberliefert. *„Mudder, schau amol her, der glabd ned, daß du schieglsd."*   *schiegln*

Wird ein junger Mann von seiner Angebeteten verlassen, hört er sicher die tröstenden Worte: *„Andere Müdder hom aa schäine Döchder."*

„Wäi di Mudder, su die Dochder." – so lautet der adäquate Vergleich zum Vater-Sohn-Verhältnis. Wenn aber

der Sohn im fortgeschrittenen Alter immer noch zuhause
wohnt, gibt's etwas kritische Bemerkungen aus dem Umfeld: *„Meine Güde, der hängd immer nu am Roggzibfl vo
der Mudder."*

Roggzibfl

Hier zum Schluss noch ein nicht ganz intelligenter
Spruch zum Thema *„Mudder"*: *„Edz hobbi ka Mudder
mehr, nou brauchi di Schraaubn derzou aa nimmer."*

Untenstehendes Foto habe ich auf dem Nürnberger Volksfest gemacht. Die Bedienung hatte einen Wäschezwicker selbst beschriftet mit den Buchstaben „WBFDZAR".

Natürlich bin ich darauf reingefallen und habe sie gefragt, was dies denn bedeutet. Die lapidare Antwort: „*Wer bläid frouchd, der zohld a Rundn.*"

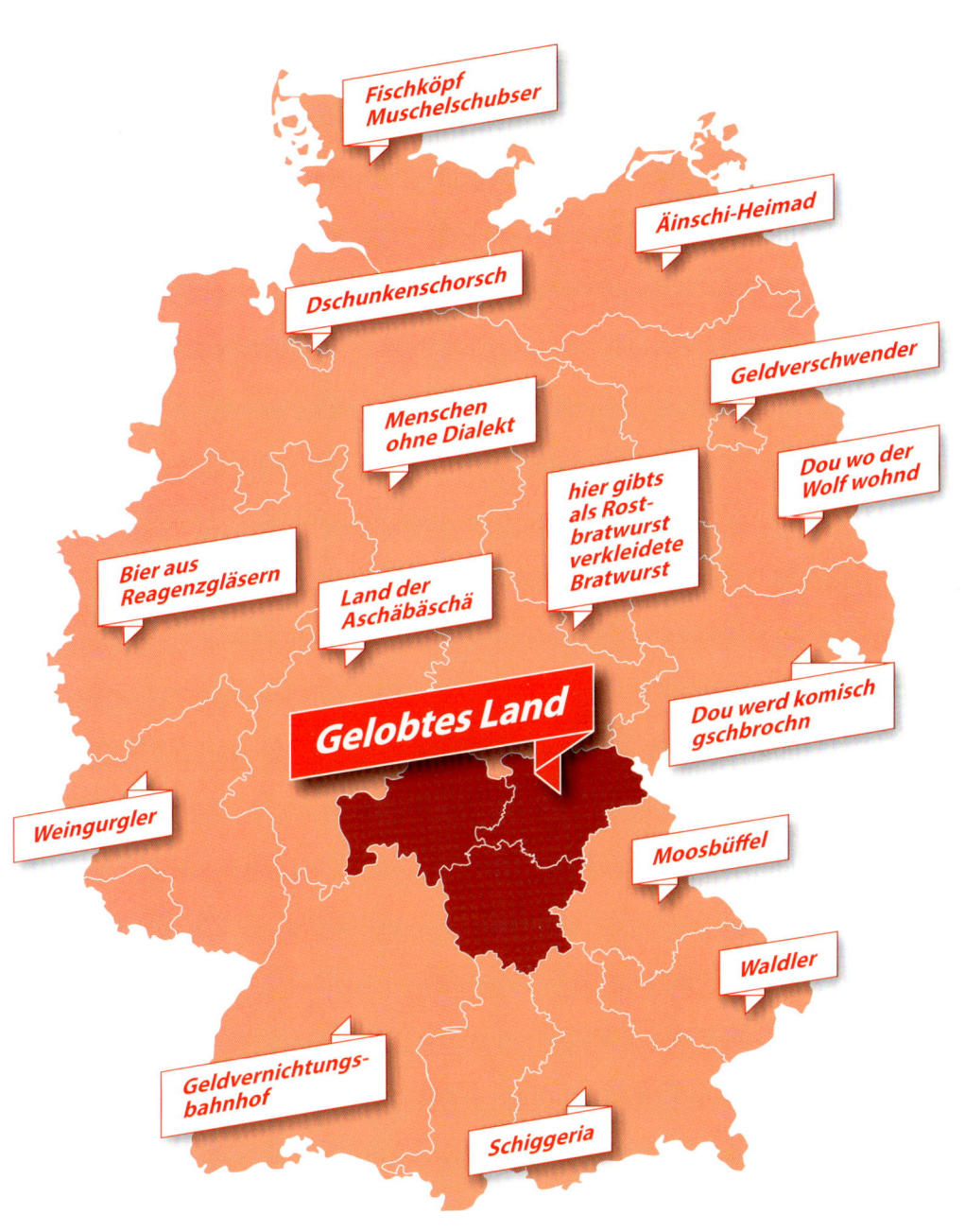

FRÄNGGISCHE ANADOMIE

Kupf
Wolln
Ohrwaschl
Goschn
Gnagg

Glodzer
Gimbl
Groong
Gruubf

Moong
Ellerbuung
Gribbm

Nobl
Wambm
Bobbers
Schnerbfl
Bfoodn
Griffl

Säggla

Baa

Gnäi

Wadn

Schiebaa

Fouß
Zäiher
Sulln

Gnöchla
Zäihernogl

Sie hom 2 Schdimmen

A Schdimm fir wos Gscheids zum Drinngn

A Schdimm fir wos Gscheids zum Fuddern

A Eimbfaches	◯	◯	Schäuferla
A Dunggls	◯	◯	6 Nämbercher Broudwärschd mid Graud
A Mäßla	◯	◯	6 Nämbercher Broudwärschd mid Kadofflsalood
A Bilsla	◯	◯	3 Fränggische Broudwärschd mid Graud
A Weidzn	◯	◯	3 Fränggische Broudwärschd mid Kadofflsalood
A Märzn	◯	◯	Aischgrinder Karbfm
An Obsdler	◯	◯	Schweinebrodn mid Glöos und Salood
An Willi	◯	◯	Haaße Schdaddwoschd
An Zwedschger	◯	◯	An Obadzdn

Anstelle von Latschenkiefergeruch vom Pappbäumchen:
„Af fränggische Schdrassn – am Rüggschbiegl vom fränggischn Audo fränggische gräucherde Bauernseufzer: fränggischer Dufdbaum."

Im Falle des vollschdändigen Verlusdes der Mudderschbrache bidde folgende Bersonen oder Inschdidudsionen orufm:

- **Mein besdn Freind**
- **Di Bollizei**
- **Is Tierheim**
- **Noodfallkondaggd**

Sollte Magenauspumpen erforderlich sein:

- **Ja, bidde dedd ner bumbm, raus mid der Wor**
- **Naa, des hobbi doch alles zohld**

Bluudschbende fälld aus, wall ich mei Bloud fir wos andersch brauch.

Falls noch möglich, hier die stattfindende Unterschrift

Dieser einigermaßen und eventuell unter Umständen ziemlich und manchmal möglicherweise erforderliche Ausweis sollte gut sichtbar getragen werden, egal wo, am besten irgendwo.

Verantwortlich für diesen Krampf:
**ZENTRUM FÜR FRÄNGGISCHEN
BLÖDSINN UND SCHWACHSINN**

KÄRWA- ODER VOLKSFEST-AUSWEIS

Braggdisch ein ganz bersöönliches fränggisches Doggumend. Kommer aa ned aff an andern ieberdroong.

Lichdbild
odder
Foddo
odder a
**selbergmoolds
Bildla**

Name
Vorname
Rufname
Spitzname

Mei Alder	☐ zu ald	☐ zu jung	☐ sooch i ned
Ich bin	☐ a Moo	☐ a Frau	☐ Wäi – Wos?
Meine Augn	☐ blau	☐ arch blau	☐ gschwolln
Ich bin aa	☐ einsam	☐ verwirrd	☐ irchndwäi hald
Herkumbfd	☐ ausm Zeld	☐ vom Pinkln	☐ vo derhamm
Dou mechdi hi	☐ widder nei	☐ zu dir	☐ widder ham
Ich konn nu	☐ laafm	☐ singer	☐ schunggln

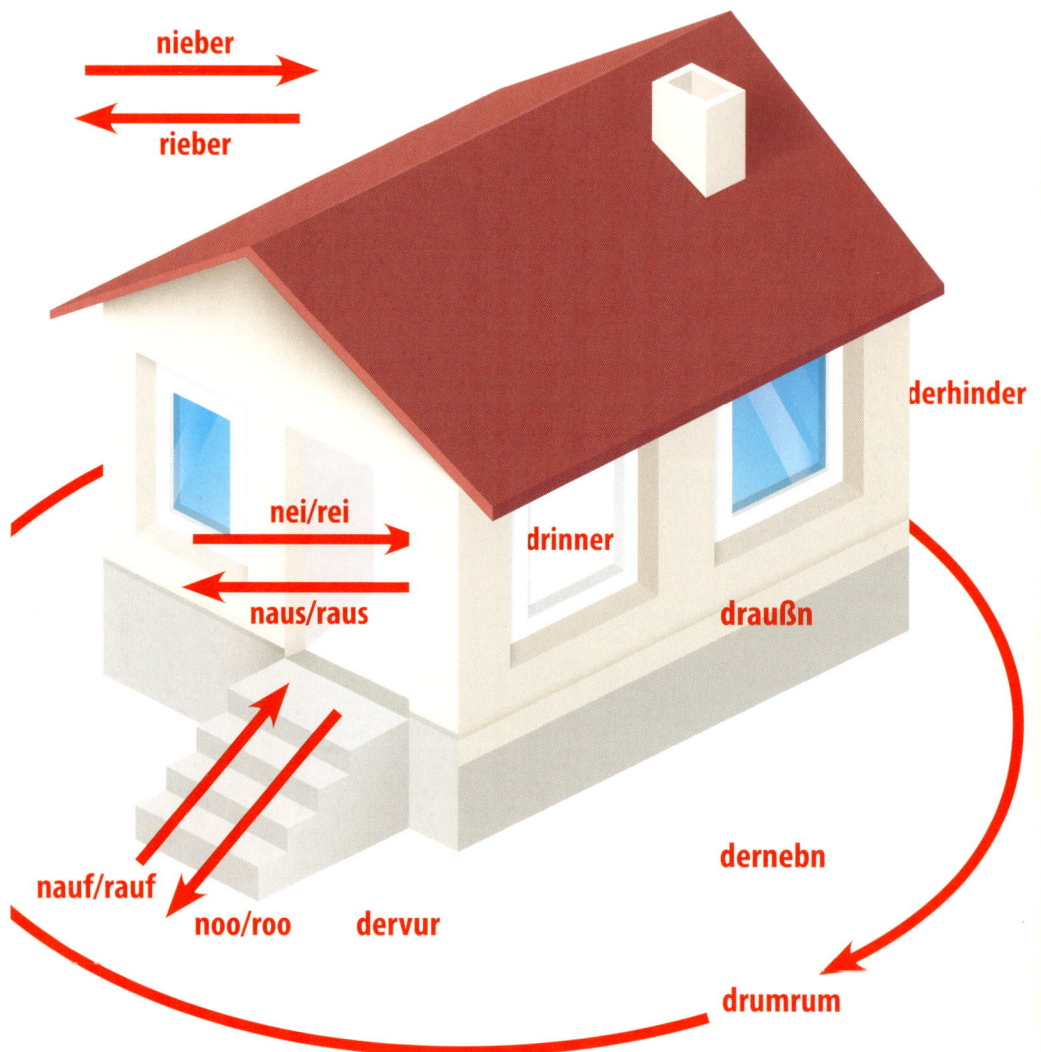

„*nieber*" → hinüber; „*rieber*" → herüber; „*drinner*" → drinnen; „*draußn*" → draußen; „*nei*" → hinein; „*naus*" → hinaus; „*rei*" → herein; „*raus*" → heraus; „*nauf*" → hinauf; „*noo*" → hinunter; „*rauf*" → herauf; „*roo*" → herunter; „*derhinder*" → dahinter; „*dervur*" → davor; „*dernebn*" → daneben; „*drumrum*" → herum

ER UND SIE – PARTNERSCHAFTEN IN FRANKEN

Vorweihnachtszeit. Lebkuchen werden gebacken, Plätzchen, Stollen etc., auch bei unserem fränkischen Musterpaar. *„Wos sollin baggn?"*, fragt die Frau ihren Mann. Darauf er: *„Am besdn deine Kuffer!"*

Ist das eine typische fränkische Verhaltensweise? Sicher nicht. Aber wenn wir uns an den Untertitel des Buches erinnern, heißt es da: „Nürnberger und fränkische Sprachgebräuche im Alltag". Und diese Sprachgebräuche, die Partnerschaft und das Eheleben betreffend, haben es halt manchmal in sich, sind aber nicht immer böse gemeint. Etwas ironisch sind sie natürlich schon manchmal.

Bücher, wie das vorliegende, behandeln ja Sprachgebräuche, die meist aus der Vergangenheit stammen. Um gerade beim Thema „Er und sie" etwas vom jetzigen Zeitgeist einzufangen, habe ich mich bei jungen Menschen umgehört. Ich wollte wissen, wie denn heute in der Disco oder im Biergarten Kontakte geknüpft werden. Ich selbst bin in früheren Zeiten mit dem damals verbreiteten, aber einfallslosen Spruch *„Kenner mir uns ned irchndwoher?"* fürchterlich reingefallen. Die Angesprochene hat mich nämlich mit folgendem Spruch grandios abblitzen lassen: *öfder* *„Ja, ja, irchndwou bini öfder."*

Heute klingt das anders. Hier ein paar Beispiele, die mir Jugendliche mitgegeben haben:

- *„Mogsd mei Briefmargnsammlung sehng? Und wenn's dir ned gfälld, könner mer uns ja widder oozäing."*

- *„Denner dir ned langsam die Fäiß wäih? Du gäihsd mer nämli scho di ganze Zeid im Kubf rum."*

- *„Madla, ich waß ja, dass Milch schäi machd, obber sooch amol – wäiviel Lidder dringsdn du eigndlich jeden Dooch?"*

- *„Gibds dou in Nämberch außer dir aa nu andere Sehenswürdichkeidn?"*

- *„Wennsd du mei Ohrnschmalz wärsd, däd ich nie mehr Waddeschdääbla benüdzn."*

  Waddeschdääbla

- *„Zäich di aus, leech di hi, ich mou mid dir redn."*

- *„Hey, Hübsche, ich bin Organschbender, brauchsd du irchndwos?"*

- *„Übrichns – ich bin vom ADAC. Derf ich dich abschlebbn?"*

Gerade in der Partnerschaft erweist sich der Franke beim rhetorischen Verpacken von Gedanken als Formulierungsprofi. Meistens. Also gut, manchmal wenigstens. Bei seinem Versuch, inneren Einstellungen sprachlichen Ausdruck zu verleihen, greifen dann eher automatische Reflexe. Evolutionstechnisch gesehen. War das jetzt diplomatisch genug?

Die Ehe, die gelebte Partnerschaft ist ja die kleinste soziale Einheit, die es gibt. Und da wird bei uns möglicherweise nicht so lang, so umständlich oder so ausführlich und in epischer Breite kommuniziert, wie beispielsweise bei den Rheinländern oder bei den Preußen. Ist ja hinlänglich bekannt. Bei uns wird Vieles ohne Umschweife auf den Punkt gebracht, entsprechend der bekannten fränkischen Kommunikationsverschlankung.

Ich möchte Ihr Weltbild ja nicht zerstören, liebe Leserinnen und Leser, aber schon im Vorfeld der Ehe gibt man den Jungen den folgenden Rat, wenn sie fragen, wann denn die beste Zeit zum Heiraten wäre: *„bis värzg ned und ab värzg nimmer"*.

Und anlässlich ihres 18. Geburtstages hören sie oft von den Altvorderen: *„Soo, edz bisd volljährich. Edz konnsd bis zu deiner Hochzeid machn, wosd willsd."* Und dazu: *„Wennsd ned verheirad bisd, nou bisd ledich. Und wennsd* **erledichd** *nou verheirad bist, nou bisd erledichd."* Ja, ja, Bankräuber wollen immer Geld oder Leben. Frauen wollen immer gleich beides. Dann wird oft noch nachgeschoben: *„Wennsd midernander verheirad bisd, nou konnsd däi Sorgn midnander deiln, däisd vurher nie gabd hosd."* Weisheiten, die vermutlich einem neuronalen Feuerwerk entsprangen, entstanden im gleißenden Licht der Erkenntnis.

Machmal wird der fürsorgliche und gleichzeitig sehr erfahrene Vater vom Sohn gefragt: *„Schdimmd des, Babba, dass es Länder gibd, wou di Männer ihre Frauen erschd nach der Hochzeit kennerlerner?"* Darauf der weise Vater:

„Bou, des is in jedm Land asuu, ieberol af der Weld. Aa bei uns!"

Vordergründig frozzelt der Franke gern über Ehe, Partnerschaft und vor allem über seine Partnerin. Beruht übrigens auf Gegenseitigkeit. Aber wenn er seiner Angebeteten mal im Überschwang der Gefühle sein Herz offenbart, dann meint er es ehrlich, wenn auch nicht mit so ausführlichen Worten. Dazu gibt es folgende These: „Der Franke kostümiert das, was er denkt, in blumigen Dialekt, um das Bekunden erotischer Zuneigung diplomatisch zu kaschieren." *„Ich mooch di scho gscheid gern."* – das ist bei uns *gscheid* dann schon ein rhetorischer Salto. Folgt ergänzend dazu noch ein eloquentes *„Bisd scho mei gouds Waggerla."*, ist es so, als wenn die Frau außer am Geburtstag oder am Valentinstag völlig spontan mit einem imaginären Blumenstrauß überrascht werden würde.

Möglicherweise wird sie bei einem echten Blumenstrauß aber denken: *„Wos will denn edz der mid dem Heuchlerbesn? Hodder vielleichd wos oogschdelld, odder hodder a schlechds Gwissn?"*, aber sagen wird sie sowas natürlich nie, weil der Mann ja immerhin mal versucht, passende Lyrik abzusondern.

Obwohl fränkische Frauen auch sehr direkt in der Ansprache sein können. Wenn es darauf ankommt. Beispielsweise bei der Unterhaltung mit der Nachbarin im Flur.

- Die Frau Meier: *„Am Wochnend wori mid meim Moo afm Dremblmargd."*
  Die Frau Huber: *„Und – bisd nern lous worn?"*

Weibliche Unterhaltungen können aber oft auch Grat-
wanderungen sprachlicher Art sein, wenn auch meistens
mit einem Schmunzeln versehen. Hier das Gespräch
zweier Fränkinnen, die sich noch nicht so gut kennen:

- Frau Schmidt:
  „Wos machdn ihr Moo eigendlich beruflich?"
  Frau Schulze:
  „Der is ba der Bosd – Oberinschbeggder. Und ihrer?"
  Frau Schmid: *„Meiner is ba der Bolizei."*
  Frau Schulze:
  „Wooos – ba der Bolizei – seid wann denn?"
  Frau Schmid:
  „Heid fräih ummer siemer homsnern abghulld!"

Männer sind da anders. Sie wandeln sich im Lauf der
Jahre. Vor allem bei der Wortwahl.

Hier ein Beispiel dafür, wie der Umgangston sich
entwickeln kann. Es geht um einen Spaziergang, kurz
nach dem es aufgehört hat, zu regnen:

- Vor der Hochzeit:
  „Mäusla, gäi her, ich drooch di ieber däi Bfüdzn."
  Nach einem Jahr:
  Waggerla   *„Gäih her, Waggerla, ich helfder aweng."*
  Nach fünf Jahren:
  „Frau, bass aaf, dou vorner kummd a Bfüdzn."
  Nach zehn Jahren:
  „Edz schdeichd däi scho widder in a Wasserlachn nei."

Nach zwanzig Jahren:
„Geh zou, Babbedd, edz bass hald aweng aaf!"
Nach dreißig Jahren:
„Alde, du quaadschd obber aa wärgli in jeds Dreegluuch." *Dreegluuch*

Wir wissen ja: Aufrichtigkeit, auch wenn sie brutalst ehrlich daherkommt, war schon immer ein unverzichtbarer Bestandteil der Rezeptur für eine gute Partnerschaft. Nur die Ausdrucksweise hat sich im Lauf der Zeit geändert. Auch wenn sie den Anderen nicht immer in einen Zustand der höchsten Glückseligkeit versetzt.

Zum Wandel der Ansprache im Wandel der Jahre hier noch ein weiteres Beispiel. Es geht um das Vorstellen bei einer Einladung.

- Am Anfang der Ehe:
„Derf ich ihner mei Frau vurschdelln?"
Nach 15 Jahren:
„Könner sie sich vurschdelln – des is mei Frau?"
Nach 30 Jahren:
„Könner sie sich amol vur mei Frau hischdelln?"

In früheren Jahren war man in der Ehe mangels TV und PC noch mehr einander zugetan. Ja, früher. Mein ehemaliger Arbeitskollege steuerte zu dem Thema *„fräiher"* immer folgenden Beitrag bei: *„Die ganze Zeid frouch ich mich, wos eigendlich meine Eldern domols su is ganze Johr gmachd hom, su ganz ohne Fernsehng und Kombjuder, obber meine 17 Gschwisder homs aaa ned gwißd."*

ALLMÄCHD –
DES AA NU!

Mein Vati hat mir damals oft bei den Hausaufgaben geholfen. Beim Thema „Rechnen" hat er immer eine wunderbare Verbindung von der Mathematik zur Ehe herstellen können: *„Wenn die Muddi 40 Mark im Geldbeidl hod und ich 60 Mark, dann hod die Muddi braggdisch 100 Mark – verschdandn?"*

braggdisch

Beruflich war er gelernter Schreiner, mein alter Herr. Handwerklich geschickt war er sowieso. Reparaturen im Haushalt waren also von der Fertigkeit her kein Thema. Terminlich aber manchmal schon. Mutti hat sich dann immer echauffiert. Folgender Satz von ihm, der natürlich mit einem schelmischen Augenzwinkern versehen war, ist mir noch in Erinnerung: *„Wenn ich sooch, dass ich des rebarier, nou rebarier ich des aa. Desweeng mou mer mich doch ned glei alle seggs Wochn dro erinnern – odder?"*

Ohne Grund, also wirklich ohne jeglichen Grund, beschweren sich Männer ja über ihre Frauen, meistens bei den Kumpels: *„Mei Frau hod des ,Bahlsen-Syndrom'. Däi hod an an der Waffl und gäihd mer dauernd affm Keks. Und jedn fräih nervds mi. Ich bin doch ka Morgnmuffl. Ich mecherd eimbfach blouß di erschdn 12 Schdundn nachm Aafschdäi mei Rouh hom."*

Auch ehe-interne Zwiegespräche enden nicht durchweg harmonisch. Vor allem dann nicht, wenn die Frau ihren Mann fragt: *„Worum gibbds denn eigendlich su wenich Frauen-Foußball?"* Antwort des Mannes: *„Walls su wenich Frauen gibd, wou elf mol is Gleiche ohzäihng."*

Oder:

- Die Frau: *„Mexdmer ned aweng helfm bam abschbüln?"*
  Der Mann:
  „Gäihd ned, ich brüüf grod wichdiche Underlaachn."
  Die Frau: *„Du liegsd doch blouß faul im Bedd rum."*
  Der Mann: *„A Madradzn is doch a wichdiche Underlaache."*

Oder:

- Der Mann sitzt über einem Preisrätsel und fragt die
  Frau: *„Kennsd du di Wüste Gobi?"*
  Darauf die Frau:
  „Lou mi blouß mid deine Weiber in Rouh!"

Oder:

- Die Frau: *„Ich hob mein Glaaderschrangg ausgräumd.*
  Des dou ich alles schbendn."
  Der Mann: *„Schmeiß doch glei wech, däi Glamoddn,*   *Glamoddn*
  des is wenicher Ärberd."
  Die Frau:
  „Es gibd suviel Leid, wo hungern, däi däädn si freier."
  Der Mann:
  „Wer in deine Glaader bassd, der hungerd ned."
  Seit zwei Wochen übrigens kann der Mann wieder feste
  Nahrung zu sich nehmen und befindet sich auf dem
  Wege der Besserung.

Nicht alle fränkischen Ehen gehen gut. Manche landen
vor dem Scheidungsrichter. Wie oft überall auf der Welt.
Bei uns gibt's da keine Ausnahme. Aber die Gründe, die
zu einer Trennung führen, sind in Franken gewaltig. Drei
Gründe habe ich selbst erlebt.

■ Die Frau hat folgende Unterhaltung zwischen zwei Freunden heimlich mitgehört.
Der Hans: „Ich hob gesdern Hochzeidsdooch ghabd.“
Der Peter: „Und – hosd ner deiner Frau wenigsdns wos gschengd?“
Der Hans: „Horch amol, wennsd du an Fiisch gfanger hosd, schdeggsd du dem *nachdrääglich* aa nu an Wurm ins Maul?“

nachdrääglich

■ Unser Nürnberger Ehepaar sitzt in „*Mallorga*“ am Strand.
Die Frau: „Schau her, wäi mich di Welln küssn.“
Der Mann: „Jaa, und hinderher brechns dann.“

■ Und hier der ultimative Grund für eine Trennung:
Der Schorsch: „Mei Frau wolld zum Geboddsdooch a Schdreichinschdrumend.“
Der Valentin: „Und – wos hosderer nou kaffd?“
Der Schorsch: „A Buddermesser.“
Der Valentin: „Wäiviel wiechdn dei Frau eigendlich?“
Der Schorsch: „Frouch mi wos Leichders.“

Dann ist Bingo – Ende Gelände – Klappe zu, Affe tot – Schluss – Aus – Scheidung.

Aber selbst beim Gerichtsprozess wären Dialoge vorstellbar, die so nur in „*Nämberch*“ oder in „*Franggn*“ stattfinden könnten.

■ Richter zum Ehemann: „Worum hom sie mid ihrer Frau fümbf Johr lang nix gschbrochn?“
Ehemann zum Richter: „Ich hobs ned underbrechn wolln.“

- Anderer Scheidungsprozess:

  Richter zur Ehefrau: *„Sie sin doch erschd a boor Dooch* *Dooch*
  verheirad, und edz wollnser si scho scheidn loun, wos
  isn dou louß?"

  Die Ehefrau zum Richter: *„Des hod ja scho domid-*
  ohgfanger, daß der unbedingd mid affs Hochzeidsfoddo
  draf gwolld hod."

  Richter zum Ehemann: *„Hom sie ieberhabds nu irchnd-*
  wos Gemeinsams?"

  Ehemann zum Richter: *„Ja, mir hom am selbm Dooch*
  gheirad."

GANZ SPEZIELLE ORIGINELLE BEZEICHNUNGEN

Als ein Beispiel von vielen: Irgendwann in den Wirtschaftswunderzeiten hat sich der Begriff „Mannequin" aufgrund häufigerer Modenschauen, vor allem im Fernsehen, auch bei uns etabliert. Wie in vielen anderen Dialekten auch hat natürlich die Nürnberger Mundart darauf reagiert und daraus eine „*Maachermilch-Läidi*" gemacht. Und so gibt es viele originelle Namensgebungen, bei denen der Nürnberger und der Franke aus einem riesigen Reservoir an Fantasie schöpfen kann.

Siggsbägg

- 7-Gänge-Menü → „*Siggsbägg und Körriwoschd*"
- Alimente → „*Huusndürlers-Schdeuer*"
- Arbeitsamt → „*Schwieln-Börse*"
- Bedienung → „*Moußgruch-Mannekö*"
- Bier → „*Blondes Niern-Öl*"
- Bierkeller → „*Brodzeid-Bungger*"
- Bierzelt → „*Hobfm-Verflüssichungs-Anschdald*"
- Bikini → „*Keuschheids-Fudderal*"
- Blumenstrauss → „*Heuchlerbesn*"
- Campingplatz → „*Rheuma-Farm*"
- Dackel → „*Woschdzibfl-Werwolf*"
- Darmwind → „*Huusn-Juchzer*"
- Disco-Mädchen → „*Schdereo-Braud*"
- Ein paar Bier → „*A boor Hobfm-Einheidn*"
- Fischstäbchen → „*Vierkand-Forelln*"
- Flasche Bier → „*Hurra-Düdn*" (Tüte)
- Flaschenöffner → „*Siebzehnerschlüssl*"
- Gitarre → „*Lamendier-Hulz*"
- Große Hitze → „*Drei Mouß im Schaddn*"
- Großer Gasthof → „*Schweinebradn-Basilika*"
- Hähnchen → „*Feierobnd-Elsder, Flechsn-Geier*"

- Imbissbude → *„Leberkäs-Bungger"*
- Kahlkopf → *„A Moo in der Mauser"*
- Kaviar → *„Seggsual-Schrood"*
- Kellnerin → *„Seidlers-Ballerina"*
- Kirche → *„Gwissns-Erleichderungs-Anschdald"*
- Leberkäse → *„Schdudendn-Schdäig"*
- Mannequin → *„Maachermilch-Läidi"*
- Männlicher Hamburger → *„Dschunggn-Schorsch"*
- Metzger → *„Broudwoschd-Mondör"*
- Münchner Besucher → *„Enzian-Schiggolo"*
- Obstler → *„Freindschafts-Beschleunicher"*
- Pommes mit Mayo → *„Feddschdäbler mid Salbe"*
- Schnelles letztes Bier → *„Galopp-Seidla"*
- Seniorenheim → *„Baggderien-Siddi"* (Bakterien-City)
- Sofa → *„Schäßlong-Nordwänd"*
- Solarium → *„Münzmallorga"*
- Sparkasse → *„Babiergeld-Wigwam"*
- Tankstellenchef → *„Schbridd-Baron"*
- Toilettenfrau → *„Abbord-Brinzessin"*
- Vollbart → *„Gsichdsbullower"*   *Gsichdsbullower*

EIN GANZ HAARIGES THEMA

Haare, Frisur, Haarausfall, Glatze, Perücke, Haarteil … Alles Themen, die ja wohl die ganze Menschheit betreffen. Natürlich. Trotzdem ist es interessant, aber auch amüsant, wie unser Nürnberger und unser Franke mit diesen Themen sprachlich umgeht.

Zuerst zur Schreibweise. Es ist dasselbe Dilemma wie bei den Wörtern *„Woar, Oarsch und kloar.“* Die exakt *„fränggische Ausschbraache“* liegt genau zwischen dem A und dem O. Für Nichtfranken: *„Eimbfach laud ausbrobiern, nou gäihds besser.“*

Natürlich ist es ein Unterschied, ob Männer oder Frauen sich diesem Thema nähern. Frauen flüchten sich bei Problemen leichter in die Färbung, in die Dauerwelle, in die Perücke, in ein eingeflochtenes Haarteil.

Männer bekommen entweder graue Haare oder partiellen Haarausfall, oder beides, oder eine *„dodaale“* Glatze. Bei den Herrn der Schöpfung hießen graue Haare früher *„friedhofsblond“*. War nicht sehr charmant. Jetzt sagt man bei uns *„landradsamd-medalligg“* (landratsamt-metallic).

Glatzenträger, früher eher eine Seltenheit, heute fast schon *„trendig“*, behaupten, *„Sie häddn di längsde Schdirn vo der ganzn Weld.“* Beginnende Glatzenträger drücken es so aus: *„Mei Schdirn gwinnd langsam an Häich.“* (gewinnt langsam an Höhe). Selbst gehört und gesammelt habe ich Fremd-Kommentare, die beim Anblick einer *„Bladdn“* entstanden: *„Scha hie, der is am Kubf barfouß.“*, oder *„Allmächd, der Moo is in der Mauser.“* Auch schön:

Bladdn

„Hosd du des gseehng, aus dem seiner Frisur schaud der Kubf raus." Kommentar einer sehr lebenslustigen Nachbarin: *„No ja, des is FKK af höggsder Ebene. Mer könnd obber aa soong, der hod a fleischfarbiche Bademüdzn aaf. Obber wemmers genau nimmd, schaud der aus wäi in King Kong sei Deoroller."*

Dieselbe Nachbarin bemerkte übrigens zum männlichen Wuschelkopf am Tisch gegenüber: *„Der dräächd obber ein sehr verwechenes Hoarkleid."* (Er trägt ein sehr verwegenes Haarkleid).

Glatzenträger selbst sind aber auch sehr kreativ in der Wortwahl, wenn es um die Verteidigung ihrer nicht vorhandenen Haarpracht geht. Hier augenzwinkernd: *„Ich hob hald zuviel Desdosderon. Konn obber ba andere Siduadsionen ganz hilfreich sei."* Oder: *„Meine Hoar und ich hom beschlossn, gedrennde Weeche zu gäih."* Oder hier nur ausnahmsweise mal, weil es in diesem Fall wirklich originell ist, mit einem Ausflug ins Englische: *„My bonny is over the ocean."* oder *„A Bladdn is der besde Schudz gecher Hoarausfall."* oder *„A schäins Gsichd brauchd hald eimbfach Bladz – Bungd!"* Wenn aber der Franke nicht auf der emotionalen Schiene fährt, sondern den heiligen Gral der Ratio bemüht, klingt das dann so: *„Bohnerwachs is eimbfach billicher wäi a Schammbuu* (Shampoo)." Man bekommt bei solchen Bildern automatisch ein ganzes Füllhorn putziger Kopfkinoszenen.

Schammbuu

Und hier noch ein Ausspruch, der aufgrund seiner überzeugenden Logik in sich selber ruht:
„Läiber a Gladzn, wäi gor kanne Hoar."

Natürlich existieren viele Sprichwörter um das Thema „Haare". Die sind bei uns im täglichen Sprachgebrauch längst etabliert.

Regt sich jemand über Kleinigkeiten auf, *„nou bedreibd der Hoarschbalderei"*. Wenn man sich über etwas erheblich ärgert, sagt man *„des is doch zum Hoarraufm"*, oder auch *„hoarschdräubend"*. Eltern hört man oft klagen: *„Edz sin däi Kinder scho ieber 18 und immer nu derhamm. Däi fressn mer nu di Hoar vom Kubf."*

Hoar

Ein frisch verliebter Nürnberger, wenn er seiner Angebeteten Komplimente macht, begibt sich ja immer vorsätzlich und erfolgreich in eloquente rhetorische Rasereien: *„Madla, fressn könnderdi mid Haud und Hoar, aa wennsd machmol aweng Hoar af di Zähn hosd."*

Misstrauische und kleinliche Menschen werden immer wieder *„a Hoar in der Subbm soung und findn"*, selbst wenn sie eigentlich gutmütig sind und *„kan Menschn a Hoar grümmer könndn"*.

Hat man bei irgend einem Thema Abstriche machen müssen, *„hod mer Hoar lassn mäin"*, auch wenns nur *„um Hoaresbreide"* schief ging. *„A hoariche Angelechnheid"* ist meist etwas Diffiziles, *„manchmol schdänner an dou di Hoar zu Berch"*.

Aber immer noch besser, als *„irchndwos an die Hoar her zäing"*, sich derbei *„oddndlich in di Hoar zu gräing"*, und zum Schluss gibt es dann niemand mehr, *„an dem mer nu a gouds Hoar lässd"*.

Beim nächsten Spruch kann ich aus Erfahrung mitreden. Meine beiden Zwillings-Ziehtöchter Ati und Ela lassen grüßen: *„Däi gleing anander wäi a Hoar dem andern."*

Zum Thema Haare gehört natürlich auch das Thema „Bartwuchs". Wird ein Mann von einer Frau vorsätzlich und erfolgreich bezirzt, *„nou gäihd däi dem obber ganz schäi ummern Board".* Wenn akkustisch schier unver-   *Board*
ständliche Worte vor sich hingebrummelt werden, fragt man sich: *„Wos hod edz der scho widder in sein Board neibrummd?"* Manche Menschen erzählen immer und immer wieder genussvoll die allerältesten Witze. Das sind Witze, die von der Abrissbirne der Zeit längst vernichtet sein sollten. Kommentar der dann gelangweilten Zuhörer: *„Allmächd, der Widz hod ja suwos vo am Board."*

Vielleicht, liebe Leserinnen und Leser, müssen Sie Ihre Meinung mal vehement behaupten. Und Ihre Überzeugung durchsetzen. Dann müssen Sie Ihrem Gegenüber *„amol zeing, wou der Fruusch di Lockn hod".* Aber – lassen Sie sich deswegen *„kanne grauer Hoar wachsn – gell".*

„FRÄNGGISCHE BUBBOLOGIE"

Ja und nein.

Ja, ich weiß, dass ich im ersten Band beim Kapitel über die Nasen der Franken schon ganz kurz auf das Thema eingegangen bin.

Nein, mir ist nicht entgangen, dass Klaus Schamberger, Günter Stössel und auch Ulrich Rach sich dieses Themas früher schon akribisch, empirisch und gründlich, auf jeden Fall aber originell genähert haben.

Ja, mir ist klar, dass in einem Mundartbuch wie diesem ein so elementar wichtiges Thema nicht einfach ausgespart werden kann.

Nein, ich will mich der Aufforderung mittlerweile schon etlicher Leserinnen und Leser nicht verweigern, auf das Thema gefälligst genauer und gründlicher einzugehen.

Also gut. Von mir aus. Aber: Alle Menschen, die ein nicht so natürliches Verhältnis zum eigenen Körper und dessen überflüssige Materialien haben, mögen dieses Kapitel bitte einfach überspringen. Okay? Los geht's.

Lassen Sie uns zunächst noch einmal den Duden bemühen. Hier steht folgendes:
„Popel Komma der Komma getrockneter Nasenschleim."

Wer behauptet, er hätte noch nie *„lusdvull middn Finger in der Noosn buhrd"* und dabei *„is ledzde as sich rausghulld"*, der lügt. Ist es Langeweile? Ist es Nervosität?

is ledzde

Ist es Gewohnheit? Ist es ein Fremdkörpergefühl in der Nase? Oder hatte mein früherer Hals-Nasen-Ohren-Arzt recht, der erklärte: *„Mer mou doch welcher der erhööhdn Segreed- und Grusdnbildung däi Lufdzufuhr aweng erleichdern. Wenigsdns manchmol."*

Segreed

Welche Bohrtypen kommen denn überhaupt vor? Angeblich soll es den Verein mit dem putzigen Namen „bis zum Anschlag" geben, der hier aufklärt. Da gibt es den „Durchschnittsbohrer", der in allen Lebenslagen flexibel an und für sich arbeitet. Es gibt den „Genussbohrer", dessen Blick während der Schürferei poetisch und genussvoll in die Ferne gerichtet ist. Der „Vielbohrer" kennt kaum andere gewohnheitsmäßige grobmotorische Bewegungsabläufe seiner Extremitäten und bringt es auf rekordverdächtige Zeiten, die der Zeigefinger, bei kultivierteren Menschen auch gerne mal der kleine Finger, im Riechkolben verbringt.

Auf den „Ampelbohrer" kommen wir später noch.

Und dann ist da noch der „Zwanghafte". Der kann nicht anders. Mediziner sprechen hier von (Achtung – kein Spaß): „Rhinotillexomanie". (Rhino = die Nase, Tillexis = die Gewohnheit, Manie = der Zwang, etwas zu tun). Findet dieser Typ keine Beute mehr, kann es sogar zu leichten depressiven Erscheinungen kommen. Vielleicht. Eventuell. Möglicherweise. Unter Umständen. Oder so.

Im Übrigen: Frauen gelten äußerst selten als überzeugte Täterinnen. Es ist doch eher das männliche Geschlecht,

das beim „*Bubbln*" wenig bis keine Zurückhaltung kennt. Also eine eher maskuline Domäne. Deswegen soll es immer wieder nachhaltige Konflikte in Partnerschaften geben, im Extremfall sogar demonstrative Ächtung im Freundeskreis, wenigstens aber eine verbale Verwarnung: „*Här edz blouß zum Bubbln aaf, du Fergl.*" In jedem Fall ist es aber ein gesellschaftliches Tabuthema.

Von geringen Abweichungen abgesehen kennt man im Großen und Ganzen drei Arten der Beschaffenheit unserer Riechkolbensubstanz. Alle drei Sorten passen wohl gleichwertig in das Beuteschema des erfahrenen und passionierten Nasenbohrers.

Der „*Droggnbubbl*" hat eine grotesk bizarre Form vorzuweisen, sehr trocken, wie der Name schon sagt. Hält man ihn prüfend gegen das Licht, erinnert er etwa an ein filigranes Kirchenfenster.

Der „*Ziechbubbl*" beginnt oben mit harter Konsistenz, die sich nach unten aufweicht und in einer glockengleichen Form fast flüssig endet. Eine treffendere Beschreibung ist mir nicht eingefallen.

Der „*Schnalzbubbl*" in seiner typischen Erscheinungsform, also gerollt, mundartlich exakt definiert: „*gwulcherd*", geht meistens einher mit dem oben bereits erwähnten berühmt-berüchtigten „Ampelbohrer". (Der Begriff „*wulchern*" wird bei Dr. Herbert Maas in seinem berühmten Nürnberger Wörterbuch „*Wou di Hasn Hosn und die Hosn Husn haaßn*" folgendermaßen erklärt:

gwulcherd

„Schmutzwürstchen oder -kügelchen drehen." Dieses Universalwerk Nürnberger Wortart gibt es übrigens schon in der 6. Auflage ebenfalls beim Verlag Nürnberger Presse.)

Damit sind wir gleichzeitig beim Entsorgungsthema. Es ist nicht lange her, da hatte ich, und das nicht zum ersten mal, folgendes Erlebnis:

Es war an der Ampel in der Münchner Straße stadtauswärts. Eben war das Lichtsignal auf rot umgesprungen. Der Herr im Auto neben mir war, so konnte ich beobachten, in seiner Nase recht erfolgreich. Die Beute drehte er zwischen Daumen und Zeigefinger genüßlich zum oben erwähnten *„Schnalzbubbl"*, nicht ohne dazwischen optisch zu prüfen, ob denn die gezwirbelt gerollte Form auch perfekt wäre. Dann ließ er das Fenster herunter und versuchte, das Ergebnis seiner sorgfältig hergestellten Fabrikation auf die Straße zu schnalzen. Fehlanzeige. Das Ding klebte nach wie vor an einem der beiden Finger. Unter Zuhilfenahme ballistischer Erkenntnisse winkelte er seinen Arm an und ließ ihn katapultgleich zusammen mit dem Öffnen der Hand vom Körper in Richtung Fenster wegschnellen. Mit Erfolg. Aber nur teilweise. Denn der *„Schnalzbubbl"* fand nur den Weg bis zum Rückspiegel. Dort klebte er jetzt. Bingo!

In dem Moment, wo unser *„Bubblmoo"* versuchte, den Rückspiegel vom Wunderwerk seines Zinkeninhaltes wieder zu befreien, schaltete die Ampel auf grün, was er aber nicht gleich realisierte. Nachdem hinter ihm ein un-

Schnalzbubbl

geduldiges Hupkonzert erklang, gegen das die Trompeten von Jericho sicher nur ein Säuseln waren, gab der Bohrer entnervt Gas und brauste davon.

Er bog dann später ab in Richtung Autobahn und ich fuhr geradeaus weiter nach Kornburg via *„Schdaabrüch-la"*. So konnte ich leider den letzten Akt dieses drama-turgischen Intermezzos nicht mehr miterleben. *„Schood drum."*

Schood drum

Ergänzend sei hier angemerkt: Den Text zu dem Nürn-berger Lied *„Ich bin der Bubblmoo"* finden Sie im Vor-läufer dieses Buches, mit dem Titel *„Gäih weider, hogg di her"* auf Seite 60 (Verlag Nünberger Presse).

„WALLS WOSCHD IS …"

Viele Landstriche sind für ihre kulinarischen Spezialitäten bekannt. So auch Nürnberg. Es sind ja nicht nur die weltbekannten Lebkuchen, die sofort mit unserer nordbayerischen Metropole in Verbindung gebracht werden – und das seit Jahrhunderten schon.

Auch unser Endstück von der Schulter eines toten Schweines steht sinnbildlich für gute fränkische Küche. Wenn auch über die Schreibweise nicht immer 100%iger Konsens besteht. *„Schäuferle, Schäufele, Schäuferla, Schaiferla"*, sämtliche schriftlichen Erscheinungsformen kommen vor.

Hier soll es aber um ein weiteres – in meinen Augen – delikatessenmäßiges Alleinstellungsmerkmal gehen, nämlich um die *„fränggischn Wärschd"*.   *Wärschd*

Viele Orte sind ja namensgebend für Wursterzeugnisse ihrer Stadt oder ihrer Region: „Thüringer, Wiener, Frankfurter, Göttinger, Debreziner", und so logischerweise auch die *„Wärschd as Nämberch"*.

Beginnen wir mit der Bratwurst. Irrtümlicherweise wird immer wieder behauptet, der Name leitet sich vom „braten" auf dem Rost oder in der Pfanne ab. Tatsächlich aber ist das „Brät", also die gehackte Füllung Ursprung für die Bezeichnung.

Wer bei *„Wiggibeedia"* nachsieht, wird auf folgende Auskunft stoßen: „Die Nürnberger Rostbratwurst ist eine Brühwurst aus Schweinefleisch. Typische Gewürze sind

Kochsalz und Majoran. Die Masse hat eine feine Struktur von 3 mm Körnung. Sie wird in Schafsaitlinge abgefüllt. Die Bezeichnung ‚Original Nürnberger Rostbratwurst' oder Nürnberger Bratwurst ist als geografische Herkunftsbezeichnung von der EU-Kommission geschützt. Nur Bratwürste, die im Stadtgebiet von Nürnberg und nach festgelegter Rezeptur gefertigt werden, dürfen diesen Namen tragen. Der gesetzliche Schutz umfasst die Rezeptur, die am 18. März 1998 durch einen Beschluss des Ausschusses für Recht, Wirtschaft und Arbeit der Stadt Nürnberg festgelegt wurde." Unterschieden wird zwischen der kleineren *„Nämbercher"* und der größeren *„Fränggischn"*. *„Fränggisches Basiswissen – odder?"*

Die *„Nämbercher"* sind etwa sieben cm lang und fingerdick. Meist werden sie verzehrt als *„Drei im Weggla"*, oder sechs oder 12 Stück mit Kraut oder Kartoffelsalat. Die größeren *„Fränggischn"* sind in etwa daumendick und circa 15 cm lang. Wer im Wirtshaus lediglich *„Drei mid Graud"* oder *„drei mid Kadoffl-Salood"* bestellt, weiß genau, was er dann auf dem Teller hat.

Zibfl Dann gibt es natürlich auch noch die *„Sauern"* oder die *„sauern Zibfl"*. Hier werden die Bratwürste nicht im gebratenen Zustand serviert, sondern sie werden im Zwiebelsud gekocht. Dieser Sud wird mit Essig und ausschließlich gutem fränkischem Weißwein verfeinert, je nach Gusto. Der Farbe nach dem Kochen entsprechend werden sie auch *„Blaue Zibfl"* genannt. Die geschnittenen und gekochten Zwiebelringe werden mit angerichtet, dazu isst man ein frisches knuspriges Bauernbrot.

Wird das Bratwurstgehäck ohne Darm als Brotaufstrich serviert, spricht man von einer *„Naggerdn"* oder einfach von einem *„Ghäggbroud"*.

Und da gibt es auch noch die *„Bauernseufzer"*. Das sind nichts anderes als geräucherte Bratwürste. Sie werden aber nicht in den Schafsdarm, sondern in den Schweinedarm abgefüllt. Man kann sie sowohl kalt zum Butterbrot verzehren, aber auch warm oder heiß gemacht genießen. So schmecken sie dann aufgrund der Räucherung sehr würzig und sehr intensiv. *„Dennersis hald eimbfach amol ausbrobiern."*

Natürlich gibt es bei uns auch noch Würste, die nach ihrer Füllung benannt sind, unter anderen die Hirnwurst, Speckwurst, Blutwurst, Leberwurst. Da ist die Namensherkunft ja eindeutig. Wir wollen hier aber noch eine Wurstsorte erwähnen, bei der auswärtige Menschen oftmals Fragezeichen in den Augen haben: „die Stadtwurst".

„Schdaddwoschd" wird sie bei uns genannt. Angeblich soll die Namensgebung erst im 18. Jahrhundert erfolgt sein. Die Machart von Fleischwürsten, die die Nürnberger Stadtmetzger praktizierten, war wohl territorial noch nicht so verbreitet und somit als Besonderheit eine extra Namensgebung wert.

Schdaddwoschd

Als Stadtwurst bezeichnet man eine etwas gröbere Fleischwurst. Man unterscheidet zwischen der *„weißn"*, eher gekocht, und der *„roudn"*, die auch durch leichten Räucherungsprozess etwas würziger schmeckt.

Wäre noch die „*Schdaddwoschd mid Musigg*" zu erwähnen. Die wird folgendermaßen beschrieben: „In Scheiben geschnitten, in einen angemachten Sud aus Essig, Öl, Salz und Pfeffer gelegt und mit reichlich kleingeschnittenen Zwiebeln serviert." Zwiebeln werden im Magen-Darm-Trakt ja bekanntlich ihre verdauungsunterstützende Wirkung entfalten, und das oft lautstark und windgewaltig. Sicher kommt da der diplomatisch abgeschwächte Begriff der Musik her, also „*Schdaddwoschd mid Musigg*".

Ich habe hier noch ein paar lustige Zitate parat, bei denen es um die Wurst geht: „*Wos hod di Sau gsachd? Is doch suwiesu Woschd, wos as mir werd!*"

Der Stammtischler erklärt zu irgendeinem Thema ein paar Fakten. Dann gibt es eine heftige Diskussion. Antwort des Redners: „*Schau ich vielleichd aus wäi a Broud-woschd, wall af amol jeder sein Sembft derzou gibd?*"

Sembft

- „*Wenn des mid di Veganer su weidergäihd, moui meine Broudwärschd bald draussn ba di Raucher essn!*"

- „*Des Ende vo der Sau is der Anfang vo der Woschd!*" Mahlzeit.

Wie bereits erwähnt, werden in Nürnberg Wurstgerichte vorzugsweise entweder mit Kartoffelsalat oder mit Kraut genossen. Schon immer. Infolgedessen gibt es im Sprachgebrauch natürlich auch viele „*Soocherer*", die sich mit dem Kraut befassen.

Ein rechtes Durcheinander wird man kommentieren mit *„Dou schauds ja aus wäi Graud und Ruum* (Kraut und Rüben)." Eine kleine unbedeutende Sache, die zur Vollendung eines Gesamtwerkes noch fehlt, *„machd is Graud aa nimmer fedd"* – quasi: „darauf kommt es jetzt auch nicht mehr an". Bei selbstgedrehten übelriechenden Zigaretten wird oft gefragt: *„Wos rauchdn der fir a Graud?"* Und meine Omi sagte immer, wenn es in der Nachbarschaft wieder einen Todesfall gab: *„Gechern Doud is ka Graud gwachsn."* Welch fundamentale Erkenntnis!

Graud

BAUERNREGELN

Bauernregeln waren zu jeder Zeit für die Landwirte Anhaltspunkt für Verhaltensweisen, aber auch gemachte Erfahrungen der Alten, die man an die Jungen von Generation zu Generation weitergegeben hat. Und sie waren vererbte Hinweise für den landwirtschaftlichen Jahresablauf.

Offensichtlich sehen die Jungen heutzutage das nicht mehr ganz so traditionell und verpflichtend. Vor allem auf den Kirchweihfesten im Nürnberger Norden, also im Knoblauchsland, in Almoshof, in Boxdorf, in Kraftshof und in Großgründlach habe ich oftmals von den Kärwaburschen neuzeitliche, abgewandelte „Bauernregeln" gehört. Die sind so originell, dass sie ohne weiteres in eine Sammlung von Nürnberger Sprachgebräuchen aufgenommen werden sollten.

Natürlich sind die manchmal auch etwas derb und etwas grob, aber das gibt es sicher in allen Dialekten so. Und Umgangssprache war noch nie immer nur hoch seriös.

Hier einige Beispiele:

Misd ■ *„Krähd der Bauer aufm Misd,*
  hod der Giecher sich verbissd."

■ *„Will der Mensch die Eier eckich,*
  gäihtds di Henner ganz schäi dreggich."

■ *„Mausd der Bauer di Bäueri an Heilig Drei Könich,*
  freid sersi und des ned wenich."

■ *„Hod sich des Huhn emanzibierd,*
  hoggds affm Hahn ganz unscheniered."

■ *„Liechd der Bauer doud im Zimmer, lebder nimmer.*
  Liechd di Bäueri doud dernebm,
  is sie auch nichd mehr am Leebm."

- „Hod der Bauer kalde Soggn,
  wärd er wohl im Kühlschrank hoggn."
- „Frierds den Bauer in die Schuhe,
  schdehd er in der Diefkühldruhe."
- „Gremer si di Schweine ei, wärds a haaßer Summer sei."
- „Sin di Henner pladd wäi a Deller,
  wor der Dragdor widder schneller."
- „Grähd der Goggl affm Huhn,   *Goggl*
  hod des mid Wedder nix zum dun."
- „Wenn im Januar di Bäum zum Bläiher ohfanger,
  nou is beschdimmd wos ganz schäi schiefganger."
- „Gäihd di Bäueri in di Breide,
  souchd der Bauer schnell is Weide."
- „Is di Bäuerin digg und fedd, aber an der Sau nix droo,
  nou hod der Bauer sich bam Füddern
  ganz beschdimmd verdoo."
- „Saufd der Bauer und fährd Dragdor,
  wird er zum Gefahrenfagdor."
- „Brauchd der Bauer blouß an Schinkn,
  siechd mer di Sau middn Hulzbaa winggn."
- „Bodenz im Lenz bringt Kinder im Winder."
- „Kodzd der Bauer iebern Dregger,
  wor des Essn ned sehr legger."

„LÄIBER ... WÄI"

Für dieses Kapitel gelten ähnliche Hinweise, wie ich sie beim Thema „BAUERNREGELN" versucht habe, zu erklären. Nicht nur die Hochsprache wandelt sich, auch die Dialekte in allen Regionen erfahren linguistische Entwicklungen, die vor allem von der Jugend beeinflusst werden.

Es ist gerade mal ein paar Jahre her, dass diese humorvollen Satzfetzen wie von Geisterhand auf einmal im hiesigen Sprachgebrauch verankert waren. Niemand konnte erklären, wie so ein sprachlich-zeitgeistliches Phänomen so schnell auftauchen konnte. Und warum ausgerechnet fränkische Beispiele sich bis heute immer noch halten.

„LÄIBER"   „WÄI"

- „an Kuffer in Berlin"   „an Führerschein in Flensburch"
- „an 5er im Zeuchnis"   „ieberhabbds ka bersöönliche Noode"
- „an Seggser im Loddo"   „an Achder im Fohrrod"
- „Woschdfinger"   „Gnoblauchzäiher"
- „medidiern"   „rumhoggn und gor nix dou"
- „an wagglerdn Wärdshausdisch" „a fesde Beziehung"
- „Fesde feiern"   „fesde ärberdn"
- „mid der Beddi im Wald"   „midm Waldi im Bedd"
- „an leern Moong"   "a vulle Huusn"
- „iebernachd versumbfn"   „im Sumbf iebernachdn"
- „a Hoch aufm gelbn Woong"   „a Dief ieber Nämberch"
- „a offms Ohr"   „a offms Baa"
- „a Middringgerin afm Schoß"   „an Midesser af der Noosn"
- „Summerschbrossn"   „gor kanne Gsichdsbungde"
- „a Hoar in der Subbm"   „a Subbm im Hoar"
- „a gsunde Verdorbnheid"   „a verdorbne Gsundheid"
- „Kies in der Daschn"   „Sand im Gedriebe"
- „Sunner im Herzn"   „an Schaddn af der Lunger"
- „oberaffmgeil"   „under aller Sau"
- „am Busn der Nadur"   „am Orsch der Weld"
- „a sündiche Meile"   „fromme 17 Zendimeder"
- „a Digge im Bedd"   „a Runde in der Wärdschafd"   *Digge*
- „a ierberzuungs Bedd"   „a ierberzuungs Bankkondo"
- „wellnessn"   „Beddnässn"

„FOHRN UND GÄIH"

Wenn der Sonntagsausflug, verbunden mit vielen Kilometern am Wanderstock, recht weit reicht und der Heimweg zu Fuß recht beschwerlich zu werden droht, sagt der Mann zu seiner Frau: *„Gäih, demmer hamwärds hald läiber fohrn."*

hamwärds

Bekanntlich überfällt unseren Franken nach ausgedehntem Gehen immer so eine angenehme Müdigkeit. Wenn dann in der Mittagspause noch ein *„gigandisches Schäuferla mid zwaa Glööß und Sooß und aweng an Salädla verdrüggd wird, fürn Doschd nu zwa odder drei Halbe eigwiesn wern, und aa odder zwaa Obsdler iebern Gnorbl gschiggd wern"*, dann stellt sich ein Fitness-Problem ein. Verdauung ist schließlich Schwerstarbeit.

Unser Franke betreibt dann eine Zeitlupen-Fortbewegung, die im besten Fall an eine afrikanische Wüsten-Wander-Düne, im schlechtesten Fall an einsetzende Verwesung erinnert. Und dann heißt es: *„Nou demmer hald läiber fohrn, schdadd gäih."*

„Fohrn und gäih" findet aber auch viel Verwendung im täglichen Sprachgebrauch.

War man früher im Wald unterwegs, um Schnee- und Windbruch zu entsorgen, *„nou is mer ins Hulz gfohrn"*. Hat man es heute eilig, *„fährd mer wäi der Deifl"*. Und dann muss man aufpassen, *„dass mer kann iebern Haufm fährd"*.

Einem schlechten Ratgeber wird man nachsagen *„Mid dem sein Radschlach binni ned goud gfohrn."*

Faule Bewegungsgrobmotoriker werden bekennen *„Läiber schlechd gfohrn wäi goud gloffm."* *„Fohr zum Deifl"* wird man einem lästigen Menschen sagen, wenn der recht nervt. Und aus meiner Kindheit ist mir noch folgender Spaß in Erinnerung: *„Gesdern binni nach Hamburch gfohrn."* Dann der erstaunte Gesprächspartner mit fragendem Blick: *„Wooos?, ja sooch amol."* Antwort: *„Jaa, midm Finger af der Landkardn."*

Nicht nur bei uns, auch in anderen Gefilden kennt man das Zitat *„Wer goud schmierd, der goud fährd."* Wenn man einen anderen Menschen schimpft, *„fährd mer mid dem Schliidn"*. Ich erinnere mich noch an einen Standard-Ausspruch meines Opas, wenn einer seiner Gäste nicht nur eine, sondern sogar zwei Freundinnen gleichzeitig hatte: *„Na der, der fährd ja sugor zwaaschbännich."*

Wenn man sich über jemand ärgert, *„könnd mer as der Haud fohrn"*, und dann *„fährd mer dem anschdändich iebers Maul"*. Manchmal, vor allem bei bösen Überraschungen, *„fährd an der Schreggn in alle Glieder"*.

Gehört auch zum Sprachgebrauch: Wenn der Nachbar nicht mehr Herr seiner Flatulenzen ist und es gewaltig nach einem „Gruß aus Darmstadt" klingt, *„nou hod der an fohrn loun"*.

loun

Hier eine lustige Aufforderung an sehr langbeinige Menschen: *„Zäich dei Fohrgschdell ei."* Manchmal wird ergänzenderweise hinzugefügt: *„Odder du hoggsd di dou rieber, nou hoggsd ba deine Baaner."*

Auch das Verb „gehen" wird bei uns vielseitig, flexibel, universell und abwechslungsreich eingesetzt.

Gaggerla

Ist jemand schlecht zu Fuß, „*gäihd der wäi af Erbsn, odder wäi af Gaggerla* (Eier)". Ein Liebespaar „*gäihd middernander*", und ganz ganz früher, als Kinder noch sofort gefolgt haben, „*sin däi affm Bfiff ganger*". Und mit „*afs Haisler gäih*" meint der Franke „auf das Häuschen gehen". Weitere Erklärung ist sicher überflüssig.

„*Gäih mer as die Aung*" heißt „verschwinde gefälligst". Sind wir müde und wollen ins Bett, „*no gänger mir in di Falln*". Wenn wir zu einer Beerdigung müssen, „*gemmer af di Leich*".

Pilzesammler „*gänger in di Pfiffer*", sowie Schwarzbeersammler „*in di Schwarzbeer genger*". Man kann „*an andern af die Nervm gäih*", für jemand „*durchs Feier gäih*", mondsüchtige Menschen „*genger midn Mond*", und die leichten Mädchen „*genger affm Schdrich*". Mit „*ummern Bard gäih*" ist gemeint, man schmiert jemand Honig ums Maul.

Nicht genau definierte Lebensalter umschreibt man so: „*Edz gäihder obber aa scho ganz schäi af di Fuchzich zou.*" Lästige Menschen „*genger an gechern Schdrich*". Denen wird man sagen: „*Du wennsd mer ned gäihsd …*" oder „*Lou mi eimbfach gäih.*"

Soll der Hefezopf gelingen, „*mou der Daach* (Teig) *schäi gäih*". Und wenn ein Kleidungsstück noch zu gut ist, um entsorgt zu werden, sagt man: *„Däi Jaggn gäihd scho nu aweng."*

Zum Schluss dieses Kapitels erinnere ich mich an mein zweites Bühnenprogramm, das da hieß: *„Su genger di Gäng – um wos isn edz dou gleich widder ganger?"* (fränkische Lieder, *„bläide Schbrüch"*, gesammelte Lebensweisheiten).

Schbrüch

TAG UND NACHT – „DOOCH UND NACHD"

„In der Dungglheid – dou sichd mer ned su weid, als wäi beim Doocheslichd – dou wo mer weider sichd."

Dieser aussagekräftige Zweizeiler, in seiner Erklärung fast schon philosophisch angehaucht und richtungsweisend, könnte ohne Weiteres aus dem Zyklus „Fränkische Perlen Deutscher Dichtkunst" stammen. Na ja, ist nicht ganz ernst gemeint.

Dooch   Über Tag und Nacht, also *„ieber Dooch und Nachd"* sind aber viele Sprachgebräuche entstanden und haben sich auch bei uns in Franken und vor allem in Nürnberg etabliert. *„Edz wärds Dooch."* sagt man nicht nur, wenn es im Morgengrauen dämmert, sondern auch, wenn es dem fränkischen Menschen dämmert, wenn ihm ein Licht aufgeht. Ist es dann fast schon eine Erleuchtung, gibt's die Steigerung: *„Edz wärds Dooch ba der Nachd."*

Langschläfer *„schloufm bis in hellichdn Dooch nei".* Und geht es mit dem Müßiggang so weiter, wird man sich *„an schäiner Dooch machn".* *„Der fängd sein Dooch midm Nixdou ooh, und ba der Nachd hörd er midm Faulenzn aaf.",* bestätigt man einem Menschen, dessen innere Einstellung zum Fleiß eher statisch als dynamisch daherkommt. Sein Lebensmotto heißt wahrscheinlich *„Morng is aa nu a Dooch."* Andererseits *„zäichd si der Dooch wäi a Kaugummi",* wenn bei einer langweiligen Arbeit der Feierabend noch so lange auf sich warten lässt.

Wie schon so oft möchte ich an dieser Stelle wieder mal meinen Opa zitieren, der zum Thema „Zukunft" oftmals sehr gelassen bemerkte: *„Sei's wäis will – und is wäis mooch, kummd der Dooch, nou bringds der Dooch."*

Extreme Plaudertaschen *„redn viel, wenn der Dooch lang is"*. Und wenn ihnen eine Laus über die Leber gelaufen ist, *„nou machns a Gsichd wäi drei Dooch Reengwedder"*. Dann schimpfen sie: *„Alle Dooch is gleiche Gfredd, und des af meine aldn Dooch."* Manchmal wird ergänzt: *„No ja, es is hald ned alle Dooch Kärwa."*

Schauermäßigen Dauerniederschlag kommentiert man mit *„Heid rengds in ganzn Dooch a blouß aamol."* Wenn aber alle Vorhaben gut klappen, und unser Nürnberger ist dazwischen wieder mal grundsätzlich positiv gestimmt, *„nou hodder an goudn Dooch derwischd"*.

aamol

Es gibt auch ein paar Redewendungen, in denen Tag und Nacht gleichzeitig vorkommen. Einem extrem fleißigen Menschen bestätigt man: *„Mensch, der ärberd ja Dooch und Nachd."* Bei denkbar größten Differenzen heißt es: *„Des is ja a Underschied wäi Dooch und Nachd."* Wenn aber zwei Menschen überhaupt nicht, also *„ned amol aweng"* zusammenpassen, meint man genau das Gegenteil: *„Däi bassn zamm wäi Dooch und Nachd."* Manchmal kommt es zu völlig unerwarteten Wendungen im Leben und man wird von unvorhergesehenen Ereignissen derart überrascht. Dann konstatiert man: *„Suu gud Nachd, edz werds Dooch."*

Und nun zur dunklen Tageszeit. Dass *„ba der Nachd alle Kadzn grau sin"*, weiß man auch in anderen Dialek-

ten. Es gibt da aber noch andere Erkenntnisse, die ich so nur in Nürnberg gehört habe: *„A schäine Nachd dauerd drei Dooch lang."* Hört man meistens von frisch Verliebten. Logisch.

Die Zitate, Sprüche und Weisheiten zum Thema „Tag" sind ja meist substanziell wertvoll und seriös. Warum um alles in der Welt sind die Kommentare zum Thema „Nacht" meist lustig, sarkastisch, spitzbübisch und oft mit dem Thema Wirtshausleben verbunden?

„Wer ba der Nachd schbääd ins Bedd gäihd und fräih bald raus mou, der waß, wos mid dem Begriff „Morgngrauen" gmaand is." Ein in sich schlüssiger Standpunkt.

Galobb-Seidler

Wenn der Schlummertrunk oder das schnelle letzte „Galobb-Seidler" ihre Wirkung getan haben, könnten die letzten Worte zur Nacht dann so klingen: *„Des Runde mou edz ins Eggiche, mid andern Wordn – ich gäih edz ins Bedd. Der Wegger is budzd, die Zähn sin kämmd, und di Glaader sin af Siemer gschdelld. Gud Nachd – gell."*

Natürlich gibt's auch am Stammtisch entsprechenden Gesprächsstoff zum Thema „Nacht". Die grundsätzliche Frage lautet da manchmal: *„Wou wor ich nerblouß in der Nachd vo Freidooch bis Mondooch?"*

Richtig lustig sind aber immer wieder die Zwiegespräche:

- Nachbar A: *„Wos wor denn des heid Nachd im Drebbnhaus fir a Grach?"*
  Nachbar B: *„Meine Schouh sin umgfalln."*   Schouh
  Nachbar A: *„Woos, und des wor su laud?"*
  Nachbar B: *„Ja, ich wor nu drinner gschdandn!"*

Oder:

- Nachbar A: *„Wenni ned schloufm konn, dou ich immer Schäfla zähln."*
  Nachbar B: *„Ich zähl immer bis drei."*
  Nachbar A: *„Wos su schnell gäihd des?"*
  Nachbar B: *„Manchmol zähli aa bis halb vier."*

Aber auch die Damen der Schöpfung können recht phantasievoll parlieren. Ich zitiere hier eine meiner Verflossenen aus wirklich langer Vorzeit. In Anlehnung an meinen verehrten Joachim Ringelnatz bemerkte sie immer dann mit einem verführerischen Lächeln, wenn ihre Hormone zum Sturm bliesen:
„Allmächd mei Gouderler, mir is heid nachd scho widder su neglischee ummers Herz." Goldig – oder?

„DES LÄIBE GELD"

Wenn es bei unserem Nürnberger oder bei unserem Franken ums Geld geht, dann findet er viele Bezeichnungen dafür. Die folgende Sammlung erhebt aber trotzdem keinen Anspruch auf Vollständigkeit:

„Fläih" (Flöhe), *„Hai"* (Heu), *„Kies"*, *„Gneede"* (Knete), Kohle, *„Gröödn"* (Kröten), *„Mais"* (Mäuse), Moos, *„Biebm"* (Piepen), *„Bulver"* (Pulver), *„Schodder"* (Schotter), *„Zasder"*, *„Aschn"* (Asche), *„Moneedn"* (Moneten), *„Bingge"* (Pinke), *„Labbm"* (Lappen), *„Eier"*, *„Floggn"* (Flocken), *„Muggn"* (Mücken), *„Benunze"* (Penunze).

Auch die Liste der Sprachgebräuche im Zusammenhang mit dem lieben Geld ist schier unendlich. Manche gibt es auch in anderen Dialekten, aber: bei uns klingt das alles *„eimbfach aweng schänner"*.

zamm Eine gute Hausfrau *„häld des Geld schäi zamm"*, sie kann gut haushalten mit ihrem Etat. Auch wenn sie *„ned grod Geld wäi Hai* (Heu) *hod, nou is däi af jedn Fall ihr Geld werd"*. Schwierig wird es, wenn *„der Moo is Geld am Kubf haud"* oder *„di Kohle zum Fenster naus schmeißd"*. Er muß dann *„frouh sei, wenn sie ihm ned den Geldhahner zoudrehd"*, denn sie *„konns ja aa ned asm Ärml schüddln"*.

Manche vermögende Frauen *„wern blouß weecherm Geld gheirad"*. Da ist es dann auch egal, *„wenn des neie Audo a Schdanger Geld kosd"*, denn *„manche Leid schwimmer im Geld"*. Neidischer Kommentar der Nachbarn: *„Däi schdinggn ja förmlich nach Geld."* Aber auch hier gibt es wirklich teure Güter, *„däi ganz schäi ins Geld gänger"*.

Bei Wucherpreisen wird man urteilen: *„Des is vielleichd a Geldschneiderei. Des kosd nämli a Schweinegeld, und ich hob doch kann Geldscheißer. Des Geld lichd schließlich ned af der Schdrass."*

Originellen Menschen wird man bestätigen: *„Du bisd mer vielleichd a Marggn, du bisd scho dei Geld werd, obber aa kann Bfenning mehr."* Reiche Menschen provozieren manchmal die Aussage: *„Den sei Geld mechdi hom. Der mou doch jedn Dooch sei Kohle umschaufln, damids ned schimmlerd werd. Der mou doch schdrodzn vur Pulver."*

Bei geizigen Mitbürgern *„hörd bam Geld di Freindschafd aaf".* Die sind *„affs Geld aus wäi der Deifl aff di Seel".* Möchte man sich von denen etwas leihen, hört man: *„Du maansd wohl, ba mir hoggds und hod a Häidler* Häidler (Hütchen) *aaf?"* Eine typische Weisheit für diese Geizkrägen lautet: *„Wenn is Geld glabberd, des is di schänsde Musigg."*

Andererseits bestätigt man einem großzügigen Spender: *„Der hod sein groußn Geldbeidl derbei. Ba dem sidzd is Geld awweng logger."* Glückspilzen *„schneids is Geld zum Fensder rei".* Betrügerische Menschen *„zäing di Leid is Geld as der Daschn".* Die sind überall *„wäi is bäise Geld".*

Zum guten Schluss: Was hat es mit dem Geldbeutelwaschen am Aschermittwoch vorwiegend in Franken auf sich? Die Überlieferung stammt aus dem 15. Jahrhundert. Das Auswaschen der Geldbeutel am Dorfbrunnen sollte

Beidlwaschn

auf leere Kassen nach dem Fasching hinweisen und eine kleine Aufforderung zur Gehaltserhöhung sein. Noch heute ist das *„Beidlwaschn"* eine traditionelle Gepflogenheit bei den Karnevalsgesellschaften. Damit wird heute noch am Aschermittwoch zusammen mit dem zeremoniellen Heringsessen offiziell die Faschingssaison beendet.

„AN DREEG" – HERR LEHRER

Wenn ein einziger Begriff, ein einziges Wort im mundartlichen Vorkommen Stoff für ein ganzes Kapitel hergibt, dann muss das ein Ausdruck für wirklich vielfältigen Sprachgebrauch sein. Das trifft hier beim Begriff *„Dreeg"*, also „Dreck" absolut zu.

Dreeg

„An Dreeg nauf und nunder schbieln" ist im Kartlerleben fest verankert. Mein Freund und Experte für Kartenspiele Peter Rühl hat mir das folgendermaßen erklärt: Man spielt vier Spielarten des *„Sechsundsechzig"*, *„nauf und nunder"*, das heißt zuerst in normaler, dann in umgekehrter Reihenfolge. Der Begriff, im Original *„Drek"* genannt, entstammt der alten Bezeichnung D wie Deutsch, R wie Russisch, E wie Englisch und K wie Kamerun. Genau so ist das nicht nur bei „Wikipedia", sondern auch bei „Franken-Wiki" und an vielen Kartlertischen in Franken verankert.

Auf heutiges Kartlerdeutsch übertragen, erklärt man es so:
- Deutsch: Normales 66er-Spiel nach den allseits bekannten Regeln.
- Russisch: „Herz-Ass oder Rot-Sau" genannt. Der Besitzer der Karte bestimmt den Trumpf.
- Englisch: „Rufen" genannt. Der Spieler nach dem Geber ruft einen Partner auf, mit dem er ein Team bildet. Die beiden übrigen Spieler bilden ebenfalls ein Team.
- Kamerun: Hier gewinnt derjenige, der am wenigsten Stiche macht.

Kleines Bonmot am Rande: Mein Freund Guido Kessel, für seine immer originellen und süffisanten Bemerkun-

gen bekannt, kommentierte die Erläuterung vom Rühl's Peter mit einem verschmitzten Lächeln so: *„Und des er-glärd nou ausgrechnd anner, der ba der Neuseser Kärwa bam Dreeg nauf und noo selber 10 Bolln gräichd hod."* Ja, auch Spezialisten können mal (Kartler-)Pech haben.

Jetzt aber zu der vielfältigen Verwendungsweise des *„Dreeg"* im Alltagsleben. Die Titelzeile *„an Dreeg, Herr Lehrer"* bedeutet bei uns schärfsten Widerspruch zu einer absolut falschen Behauptung.

Ging irgendetwas schief, wird man dem Schadens-verursacher nachsagen: *„Dou hosd dein Dreeg im Schächderler."* Ist der Schaden auch noch recht nach-haltig, wird man kommentieren: *„Der hod den Karrn ganz schäi in Dreeg neigfohrn."*

Schächderler

Hatte man großes Pech, spricht man von *„gscheid in Dreeg neiglangd"*. Wird jemand ungerechtfertigt ver-leumdet, *„Nou homs den ganz schäi durchn Dreeg zuung."* Dann gibt es auch noch Menschen, die es mit der Sauberkeit übertreiben und übergenau nehmen. Die be-kommen oft zu hören: *„Aweng a sauberer Dreeg schadt doch nix."*

Meine Oma väterlicherseits hatte, wenn bei uns in meinem Kindesalter Badetag war, immer wieder einen netten Spruch auf den Lippen: *„Edz wird der alde Dreeg roogwaschn, damid der neie Bladz hod."* Dann hat sie noch ergänzt: *„Nou könnder widder derherkummer in Dreeg und Schbeeg"* (Speck).

Vom Katzwanger Urgestein, vom Webers Werner – Gott hab ihn selig – hab ich gelernt, dass sowohl der Mörtel für die Mauerer als auch die Spachtelmasse für die Stuckateure immer *„Dreeg"* genannt werden.

„Machd doch eiern Dreeg allaans.", hört man von einem, dessen Hilfsbereitschaft nicht geschätzt oder sogar abgelehnt wird. Andererseits, wenn es eine unangenehme Überraschung gibt, lautet der Ausruf: *„Soo, dou hommer unsern Dreeg."* Kleinlichen Menschen sagt man nach: *„Der rechd si obber aa ieber jedn Dreeg aaf."* Ergänzenderweise wird der andere Tischnachbar dann bemerken: *„... obwohl nern des eigendlich an Dreeg ohgäihd".*

Nicht nur als Substantiv wird das dreckige Wort verwendet, sondern auch als Adjektiv oder als Verb. Will man bekanntgeben, dass man eine unsaubere Angelegenheit nicht anpacken möchte, sagt man bei uns: *„Dou machermer meine Händ doch ned dreggerd."* Wenn über andere Menschen schlecht geredet wird, *„wärd scho widder dreggerde Wäsch gwaschn".*

dreggerd

Ist jemand übel dran, gesundheitlich oder wirtschaftlich, *„gäihds dem ganz schäi dreggerd".* Sollte dann ein anderer auch noch Schadenfreude darüber ausdrücken, sagt man dem: *„Dou braugsd gor ned su dreggerd lachn – verschdäihsd?"*

„DES HAUS VOM MEIERS GERCHLA"

Ob Sie's glauben oder nicht, liebe Leserinnen und Leser, dieses Lied gehört zu den Evergreens des alten Nürnberger Liedgutes. Zumindest der Refrain wird immer gerne mitgesungen, wenn ich am Ende eines fränkischen Auftrittes mein Publikum bitte, den Fischerchören zu zeigen, *„wos a gscheider Nämbercher Bubblikumms-Chor"* gesanglich zu leisten in der Lage ist.

Es war tatsächlich 1888, als Hans Hösch sein Mundartbuch *„Der Dudlsock"* herausbrachte. Welcher Verlag das damals war, lässt sich heute nicht mehr feststellen. In diesem Dialektband gab es ein Gedicht unter dem Titel „Eine fürchterliche Nacht" mit gerade mal drei Versen.

Gerchla

Sinnfrei und geistlos war dieses Gedicht, aber zum Kugeln lustig. In den 60er-Jahren tauchte es auf einmal wieder auf, aber mit einer damals bekannten Melodie unterlegt: „Das alte Haus von Rocky Docky".

Immer wieder kamen neue selbst gereimte Verse hinzu. Verbrieft ist, dass Günter Stössel, der *„Grandseigneur"* der Nürnberger Mundart-Bühnen-Präsenz damals schon einige Verse beigetragen hat. Jedenfalls hat sich das Gedicht, das zum Lied mutiert ist, seit dem gehalten und wird nicht nur immer wieder gerne gehört, sondern auch immer wieder gerne gesungen.

Refrain
/ : Des is des Haus vom Meiers Gerchla, des steht in Gostnhuf,
des wackelt und des zittert und hod an schlechtn Ruf : /

Finster wars in alle Eggn, horch dou greind a Ufnrohr,
und af dera Kellerdrebbn kämmd a Laubfrusch seine Hoar.
Auf der andern Kellerdrebbn budzd a Wanzn ihre Zeeh,
und a ampudierder Hering souchd sei Hulzbaa im Gelee.

Refrain

Und a Sächbuug rennd durchs Fensder und verlierd dabei sei Brilln,
zwaa zerrissne Huusndrächer genga auf Podaggn-Schdilln.
Und in dera Kellerluggn greint a alter Sunnahoud,
weil a zrissne Underhuusn laud Drombäidn blousn doud.

Refrain

Aus der andern Kellerluggn su ein Riesn-Aff rausglodzd,
wall die ald Petroleumfunzl af ihr grouße Zäiha schbodzd.
Und im Schrank, dou kardln Mäus, und im Bett dou wäppln Läus,
und wer dabei am meisdn bscheißd, der gräichd vom Gerch den erschdn Breis.

Refrain

Schau, dou schmeißd a nerscher Gieger an 30-Markschein in die Dulln,
und a nervngrange Henna doud an Kandiszugger schnulln.
Und in dera Schdraßnrinna licht a bsuffner Zwedschgnkern,
und a Hiedschn danzd an Samba mit der aldn Gasladern.

Refrain

In der Küchn raufd a Brezn mit an aldn Fahrradschlauch,
und am Fensder häld a Schbinnawebn vur Lachn sich ihrn Bauch.
Und zwa runzlerde Domadn hupfn in die Druggerbress
und nou schbielns mitnander Kedschab und nu a boar su derbe Schbäß.

Refrain

In an aldn Gummischdiefl schdeggd a Radz sein Schädl nei,
und die Kadz, die naschd glei neb'mdro a Schüssl Zwedschgerbrei.
In der Eggn sidzd a Reddich, spield mit aner Schdieflsulln,
Und a alde Karbidlambn doud a Buddlersbaa ozulln.

Refrain

Und a groußer Bresssaggschnärbfl hod sei Schdriggzeich in der Händ,
und a fedder Rollmobsbissn hängd sei Jaggn an die Wänd.
Und a rosdigs Bügleisn doud an Kalbshaxn verzehrn,
und a schäins nais Huusnknöbfla führd an Bindfadn schbaziern.

Refrain

Und am Abnd dou hoggns alle um die Fensderbängla rum,
und a gschiedne Kirchnmaus liesd aus ihrm Boesiealbum.
Und zu gouderledzd dou meld sich no die Aborddbrilln zu Word
jeder, wou sich auf mich draufhoggd,
machd viel durch und schwemmds dann ford.

Refrain

„DIE FÜRCHDERLICHN UNGREIMDN"

Nichtfränkische Menschen, Menschen mit wenig oder überhaupt keinem Humor oder Menschen, die kein Verständnis für schrägen, fast schon dadaesken Blödsinn haben, bitte jetzt sofort umblättern.

Nicht weiterlesen.

„Umblädddern hobbi gsachd – Mensch!"   *umblädddern*

Für alle andern: Die Grundlage für diesen Schmarrn, der wirklich nur bei wenigen Menschen mit extrem verbogenem und fast schon anarchistischen Humor gut ankommt wurde im 18. Jahrhundert gelegt. Ebenfalls gerade mal drei dieser verrückten ungereimten Verse waren damals bekannt.

Die Weiterentwicklung mit immer wieder neuen Versen hat genauso stattgefunden wie beim *„Haus vom Meiers Gerchla"*. Also nicht mehr nachvollziehbar, wo und wann welcher Vers dazugekommen ist. Als Gesangsgrundlage wird die Melodie verwendet, die der Roider Jackl bei seinen in ganz Bayern bekannten *„Gstanzln"* gesungen hat.

Bin i übern Blärrer nüber gschwummer
hom die Fisch von die Bäum rundergsunga.
Gesdern hods Pfannakoung gebm,
– fürchded euch nichd.

Madla, mogst an aldn Fisch,
gehsd in Wald und fängsd dir an.
Und wennsd kann grußn findsd,
nimmsd hald zwa glanne.

Madla, mogsd an Abflkrabfm,
odder mogsd ein Seidlein Bier.
Horch ner wäi di Hunner heind,
ich zerreiß jetzt gleich mein Schmießlein.

Drobm auf der schdaanern Brugg
homs an Schandarm derdruggd.
Gschichd nern gscheid rechd, gscheid rechd,
warum ist er nicht weggegangen?

Und in Johannis drübm
is a Kadz in an Reißnagel gschdiegn.
Had sich sehr weh getan,
edzerdla knabbds.

Draußn in Zieglschdaa
waggln zwaa Pflasderschdaa.
Ham sie einen weggetan,
is blouß nu anner da.

Heid sin mer wieder kreuzüberdüber
schberrn mer die Großmudder ins Scheißhäusl nüber
schdreinchn mers weiß oh, weiß oh,
ham mir a neues Gebäude.

In der Gosdenhofer Haupdschdrass'
hoggd a Frusch auf am Zigarrnkisdla.
Gesdern ist er geschdorbm,
aber Rauchen ist gesund.

Hoggd a Büggling am Baum drobm,
mit einem Seidlein Bier auf der Achsel,
schmeißd 5 Pfund Zwiebel ro,
die Blümlein blühen blau.

Neili hob i die Schaf ogschaud,
dou hom die Schaf mich ogschaud,
hob i wieder die Schaf ogschaud,
dou hom die Schof gschaud.

Bin ich übern Dudzenddeich gschwumma,
kommd ein Grogodil daher,
hab ich wieder kehrdgemachd,
Einichkeid machd schdarg!

Des Schmießla gehd in Burchberch nauf,
der Babiergragn kummd runder:
Grüß di Gott Babiergragn,
Grüß di Godd Schmießla.

NÜRNBERGER/FRÄNKISCHEN HUMOR ERKLÄREN?

exemblarisch   „*Is der Nämbercher Humor wärgli exemblarisch?*"

So wurde ich kurz nach Erscheinung meines ersten Mundart-Bandes von einem Leser gefragt. Das hat sofort die Synapsen und Rezeptoren in meinem Hirn in Bewegung gesetzt. Kann man Nürnberger – und fränkischen Humor explizit erklären? Ich habe mich dann auf die Suche gemacht, und zwar nach kleinen Geschichten, von denen man ganz genau weiß, dass sie gar nicht bis unmöglich wahr sein können! Per se sind sie aber typisch für fränkischen Blödsinn, für die fränkische Seele, für die fränkische Auffassung von Humor. Und sie taugen auf jeden Fall als Erklärungsversuch. Egal, ob sie als Leserin oder Leser nun lächeln, schmunzeln, kichern, grinsen, lachen, laut lachen, brüllen, kreischen, sich auf die Schenkel klopfen, nach Luft schnappen oder gar hyperventilieren – wichtig ist mir, dass diese kleinen Geschichten auf jeden Fall dem Nürnberger und dem fränkischen Mutterwitz entsprechen und diesen exemplarisch und bezeichnend darstellen. Ferner sollten sie sogar Ihre Laune verbessern und endlich den Nürnberger und den Franken doch noch als wandelnden Quell der Fröhlichkeit zu erkennen geben. Wenigstens manchmal. Ab und zu. Also gut – eher selten. Aber immerhin.

So – los geht's – mit erfundenen, aber lustigen Geschichten, zuerst aus dem Bereich Medizin.

- Im Nürnberger Südklinikum geht der Chefarzt bei der Visite von Bett zu Bett. Sein Gefolge mit Oberarzt, Assistenzarzt, Krankenschwester hintendran. Vor einem Patientenbett bleibt der Chef stehen, greift in die Brusttasche, um etwas zu notieren und – hat ein Fieberthermometer in der Hand. Erstaunt sagt er zur Oberschwester: *„Allmächd, schauers blouß schnell, in welchm Hindern dou mei Kuglschreiber schdeggd."*

- Unser Nürnberger Patient sitzt beim Arzt, um gründlich untersucht zu werden. Nach einer halben Stunde sagt der Arzt zum Patienten: *„Ich konn ba ihner nix finden, wohrscheinlich lichds am Algohol,"* Worauf der Patient antwortet: *„No ja, Herr Doggder, nou kummi hald widder, wenn sie nüchdern sin."*

  Algohol

- Der Patient: *„Herr Doggder, ich hob a Broblem. Ich hör immer Schdimmen, obber ich siech kann Menschn."* Der Doktor: *„Wann bassierdn no suwos?"* Der Patient: *„Immer, wenni delefonier."*

- Doktor: *„Ich wünsch ihner goude Besserung."* Patient: *„Is des ned aweng a Heuchelei – Herr Doggder?"*

- Der Patient beklagt sich beim Doktor: *„Also Herr Doggder, däi Wor dou mid derer Bodenz, des haud nemmer richdi hi."* Der Doktor: *„Auszäihng, des mäimer undersoung."* Der Patient zieht sich aus, der Doktor braucht nur einen kurzen Blick, um zu diagnostizieren: *„Dou brauchi ned viel undersoung, des siechi scho as der Endfernung, des is a dübbischer Fall vo Gamsbardsündrom."* *„Gamsbardsündrom, des hobbi nu nie ghörd, Herr Doggder, wos isn nou des?"* Darauf der Doktor: *„Den kennersersi am Houd schdeggn."*

Auch aus dem Nürnberger Tiergarten gibt es nette und kuriose Erzählungen.

- Im *„Nämbercher Diergaddn"* sitzt zu Füßen einer ausgewachsenen Giraffe ein kleiner Hase. Der schaut rauf zu ihr und bemerkt: *„Allmääächd, hosd du an langer Hals."* Worauf die Giraffe antwortet: *„Wos glabbsdn du ieberhabds, wenn ich wos fress, des is su schäi, wenn der Habbn den ganzn langer Hals bis noo zum Moong gäiht. Und wenn ich erschd wos sauf – wenn des kühle Nass bis in Moong noo läffd, den ganzn langer Hals endlang – des iss asu a schäins Gfühl."* Darauf der Hase: *„Hosd du scho amol kodzn mäin?"*

- Herr und Frau Meier stehen am Eisbärgehege und sehen gerade zu, wie Herr Eisbär die Frau Eisbär besteigt. Die Frau Meier interessiert das schon ganz genau, beugt sich über Mauer und Geländer, verliert das Gleichgewicht und stürzt mit einem lauten Plumps in das Gehege. Das bemerkt der Herr Eisbär, steigt von der Frau Eisbär runter und tappst langsam auf die Frau Meier zu. Die schreit hysterisch rauf zu ihrem Mann: *„Friiiidz, wos solli denn machn?"* Worauf der Herr Meier seelenruhig antwortet: *„Machsders hald wäi derhamm – sagsd, du hosd Kubfwäih."*

Kubfwäih

- Und hier haben wir eine wunderbare Symbiose zwischen Medizin und Tierwelt: der Patient sitzt beim Arzt und hat einen Frosch auf dem Kopf sitzen. Der Doktor: *„Wos is denn dou bassierd?"* Darauf der Frosch: *„Den hobbermer am Weiher irchndwou eingedredn."*

- Im „*Nämbercher Schdaddbargg*" unterhalten sich zwei Hunde. Der eine Reinrassige: „*Zu mir soongs immer Edler vom Greifenstein.*" Der andere, eine typische „*Randschdaamischung*" antwortet: „*Zu mir soongs immer runder vom Sofa.*"

Jetzt kommen wir zum fränkischen Familienleben.

- Der Schorsch erzählt seinem Freund Fritz, dass er eine bitterböse Frau zuhause hat, die ihn auch noch unterdrückt. Der Fritz rät ihm Folgendes: „*Dou moußd du dich durchsedzn. Dou gäihsd edz ham, reißd di Vurhäng vo der Wänd, zerdebbersd Gschirr und Gläser, und häldsd mid der Farbschbrühdosn in ihrn Glaaderschrank nei. Und nou sagsd ganz laud ‚soo, edzerdla'. Und nou wersd amol sehng.*" Am nächsten Tag. Der Fritz: „*Und – hosd alles gmachd, wosi gsachd hob?*" Der Schorsch: „*Ja scho, freili.*" Der Fritz: „*Und – wos hoddn dei Frau gsachd?*" Der Schorsch: „*Nix, däi kummd näggsde Wochn erschd vo ihrer Kur zrügg.*"

  edzerdla

- Der frischgebackene Vater zeigt am Stammtisch stolz das Foto vom neugeborenen Sohn herum mit den Worten: „*Gell, der Glanne schaud doch aus wäi ich!*" Die Antwort des anderen Stammtischlers: „*Des is doch ned su schlimm, Haubdsach, er is gsund.*"

- In einer kleinen Dorfgemeinde. Der 85-jährige Mann und seine 30-jährige Frau bekommen Nachwuchs. Alle Honoratioren aus der Gemeinde – Bürgermeister, Feuerwehrhauptmann, Doktor, Apotheker, Lehrer

kommen, um das Kind zu sehen. Der 85-jährige Vater schickt sie aber alle wieder weg. Darauf die 30-jährige Mutter zu ihrem Mann: *„Horchamol, mir homm doch a schäins Kind – odder?" „Jaa." „Und unser Kind is doch gsund?" „Jaa." „Worum zeigsders denn nou ned her?"* Darauf der 85-jährige Vater: *„Ich wass nemmer, wouis* *hie gleechd hob."*

hie gleechd

■ Peter zum Egon:
„Und – wäi wor denn der Schdreid mid deiner Frau?"
Egon zum Peter:
„Mei Frau is af alle viere oogrochn kummer."
Peter zum Egon: *„Und – wos hods denn gsachd?"*
Egon zum Peter:
„Kumm endlich underm Diesch vur, du Feichling."
Peter zum Egon:
„Und – hosderer gscheid di Meinung gsachd?"
Egon zum Peter: *„Freili. Mogsd meine Narbn sehng?"*

Die finale Geschichte hat mit dem Altern zu tun. Obwohl: Der Franke wird nicht älter, er reift. Er fängt damit auch frühzeitig sehr locker an, damit er Erfahrung mit diesem Thema bekommt und es auch Spaß macht. Sein Wahlspruch heißt: *„Älderwern hod Zukumbfd."*

Man weiß ja: Im Laufe des Lebens nimmt das Alter ja auch ständig zu. Die Abrissbirne der Zeit tut ihre Pflicht und unsere wirklich nur ganz leicht nachlassenden grob- und feinmotorischen Fähigkeiten kaschieren wir mit demonstrativer Gelassenheit. *„Bassd scho."* Trotzdem sind wir Franken vorsichtig. Beim ersten Kratzen im Hals wird der Notarzt alarmiert. Kommt auch noch Schnupfen hinzu, dann natürlich auch der Rettungshubschrauber. *„Des mou eimbfach sei."* Ist unser Patient nach kurzer Rekonvaleszenz wieder einigermaßen auf der Höhe, wird er verlangen: *„Und edz soford an Dermin bam Nodaar, waßd scho, wecherm Desdamend."* Ja, Alterseigensinn kann der Franke gut, das liegt ihm quasi in der Mentalität.

desdamend

Der Franke navigiert sich also lässig, flexibel und entspannt durch die Jahre und durch die Jahrzehnte, wie auch die folgende Geschichte zeigt.

- Ein Abi-Jahrgang will Jubiläum feiern. 40 Jahre nach bestandener Prüfung wird gefragt:
  „Wou gemmern hi zum Feiern?"
  Antwort:
  „In di Drei Lindn. Dou hom di Bedienungen alle a mords Dekoldee."
  Nach 50 Jahren: *„Wo gemmern hie zum Feiern?"*
  Antwort:
  „In di Dr Lindn. Dou gibds riesngrouße Schäuferla.
  Nach 60 Jahren: *„Wou gemmern hie zum Feiern?"*
  Antwort:
  „In di Drei Lindn, dou hods wenich Drebbn zu di Doileddn."
  Nach 70 Jahren: *„Wou gemmern hie zum Feiern?"*
  Antwort: *„In di Drei Lindn, dou worn mer nu nie."*

TESTBOGEN ZUR ERLANGUNG ...

Dies ist ein Eignungstest und gilt als sprachliches Reifezeugnis für den Aufenthalt in fränkischen Regionen. Dieser Prüfstein für nichtfränkische Menschen möge bitte ernsthaft betrachtet und mit Hingabe und Demut behandelt werden. *„Verschdandn?"*

FRÄNKISCH	ÜBERSETZUNG
Gniedlersdaach	
Dullnraamer	
Subbermargddedegdiv	
Ummernandergrabbln	
Oozullds Buddlersbaa	
Grisdbaamschbids	
Zoohdoggder	
Suggerla	
Babberdeggl	
Bosdbood	
Schbridzbisdooln	
Gloobärschdn	

...FRÄNKISCHER SPRACHREIFE

Daubmdreeg	
Bodaggnsubbm	
Aachhernla	
Blummerschdöggler	
Schdienggländer	
Lebberi	
Schdummbuudn	
Veschberler	
Oobadzder	
Ziggereddnedwie	
Dembodaschndäicher	
Dunnerschdooch	
Schollbou	
Eleggdrogidann	
Nodizzedderler	
Inggreisch	
duushärerd	

AUFLÖSUNG DES TESTBOGENS

- *Gniedlersdaach* → Kloßteig
- *Dullnraamer* → Gullyreiniger
- *Subbermargddedegdiv* → Supermarktdetektiv
- *Ummernandergrabbln* → Herumkriechen
- *Oozullds Buddlersbaa* → Abgenagtes Hühnerbein
- *Grisdbaamschbids* → Christbaumspitze
- *Zoohdoggder* → Zahnarzt
- *Suggerla* → Schweinchen
- *Babberdeggl* → Pappdeckel
- *Bosdbood* → Postbote
- *Schbridzbisdooln* → Spritzpistole
- *Gloobärschdn* → Kloobürste
- *Daubmdreeg* → Taubenkot
- *Bodaggnsubbm* → Kartoffelsuppe
- *Aachhernla* → Eichhörnchen
- *Blummerschdöggler* → Blumenstöckchen
- *Schdienggländer* → Treppengeländer

AUSWERTUNG

- *Lebberi* → Matsch

0 Fehler:
Echter Franke

- *Schdummbuudn* → Zimmerfußboden
- *Veschberler* → Kleine Vesper

2 Fehler:
Gerade noch so

- *Oobadzder* → Angemachter Käse
- *Ziggereddnedwie* → Zigarettenetui

4 Fehler:
Fränkischer *Breiß*
(Preuße)

- *Dembodaschndäicher* → Tempotaschentücher
- *Dunnerschdooch* → Donnerstag
- *Schollbou* → Schuljunge

6 Fehler:
Breiss (Preuße)

- *Eleggdrogidann* → Elektrogitarre
- *Nodizzedderler* → Kleiner Notizzettel

8 Fehler:
Erzbreiß

- *Inggreisch* → Karpfeninnereien
- *duushärerd* → schwerhörig

10 Fehler:
Saubreiß

... UND „*EDZERDLA*":

„Aus is und gor is, rum is, walls wor is.
Alzo braggdisch ferdich.
Edz langds!
Säärs (Servus)!"
Habe die Ehre!

BESONDEREN DANK AN ...

Es war eine ganze Litanei an Danksagungen, die ich in meinem ersten Buch „*Gäih weider – hogg di her*" verankert habe. Jeder einzelne besondere Dank war auch gerechtfertigt und gilt immer noch ungeschmälert, auch für das hier vorliegende zweite Buch „*Allmächd, des aa nu!*" Dies alles im Detail aber nochmal komplett zu wiederholen, spare ich mir und Ihnen.

Trotzdem möchte ich ein paar Dankesworte an ein paar Personen richten, die für die Entstehung dieses zweiten Bandes wichtig waren:

▪ Bei der Verleger-Familie Schnell möchte ich mich zu allererst höflich und herzlich bedanken, und zwar für das Vertrauen und für die Zuversicht, auch diesen zweiten Band zu verlegen.

▪ Ein besonderer Dank gilt Ted Hertle, meinem Lektor. Wie schon beim ersten Band hat er das Projekt mit viel Sach-, Fach- und Sozialkompetenz begleitet. „*Wenn mir di Köbf zammschdeggn, kummd immer wos Lusdigs derbei raus.*" Sicher auch in der Zukunft. Das wünsche ich mir jedenfalls.

▪ Des Weiteren möchte ich mich herzlich bedanken bei Lucia Geitner. Sie war bei beiden Bänden zuständig für die absolut gelungene Grafik und Gestaltung. Vielen Dank für das intensive Engagement.

▪ Zuletzt vielen Dank an meinen Freund und Metzger Manfred „*Moo*" Ruck, der zum „*Worschd-Kabiddl*" wichtige Tipps und Hinweise beigesteuert hat.

GEREIMTER ANHANG

Im Vorwort dieses Buches habe ich darauf hingewiesen, liebe Leserinnen und Leser, dass dieser Band noch bunter und vielseitiger werden sollte, als das erste Buch. Darum geht es auch bei den kommenden Seiten.

Natürlich gab es zu allen Zeiten fränkische Autoren, die sich um unsere Mundart gekümmert haben und viele Publikationen verfasst und herausgebracht haben. Meistens in Prosa. Fränkische und Nürnberger „Gedichdla" stammen aber alle aus alten, zum Teil aus uralten Zeiten. Aus neuerer Zeit sind kaum Verse, also gereimte Werke bekannt. Das war für mich Anlass genug, mich mit meinem Kumpel Dieter hinzusetzen und das eine oder andere Gedicht zu schreiben. Und man wird feststellen, dass es hier auch um wirklich aktuelle Themen geht. Er war einer meiner besten Freunde, er war äußerst musikalisch, humorvoll und kreativ. Und er hieß Dieter Knaup. Leider gibt's ihn nicht mehr. Darüber bin ich immer noch sehr traurig.

Aber: Wir waren der Meinung, dass „zur Broosa aa aweng a Boesie ghärd". Und „gscheid lusdich" waren unsere Sitzungen immer. Diese zerebralen Ergüsse inhaltsschwangerer Treffen liegen hier jetzt also in Gedichtform vor. Irgendwann wollten wir diesen Blödsinn vielleicht sogar mal vertonen. Für eine imaginäre eventuell möglicherweise eines Tages stattfindende spätere „fränggische Hiddbarade".

Vielleicht klappt das irgendwann auch noch. „Ich dengg amol drieber nouch – gell." Jetzt aber viel Spaß beim „gereimten Anhang"…

„BLOUSS NED NOUCHLOUN"

Ich will immer nu wos reißn, mou mi ab und zu beweisn,
will derzwischn a amol brassn, und wills öfder grachn lassn.

Ich will mers endlich edz beweisn, ich dou mir heid a Braud aufreißn.
Am Besdn gäihd des allemol in an schäiner Danzlokal.
Des wird beschdimmd ganz wunderschäi, wenn ich ins Café Rennbahn gäih.
Dou wird der Abnd zum Hochgenuss, wals Weiber gibd im Überfluss.
Ich pudz mich dann vurm Schbiegl raus, schau aa wärgli ganz goud aus.
Blouß mid di Hoar mach ich ka Gschiss, walls ja scho fasd a Pladdn is.
Heid willi wergli anne gräing, ich waß, dou moui aa goud räingg.
A Afderschäiv brauch i dann blouß, dann wern die Frauen willenlos.

Gud gelaund und gor ned bang binni vuller Dadndrang.
Bei mir doud edzer alles bassn, su konni dann des Haus verlassn.
Bald binni im Lokal ookummer, und hob dou drin mein Bladz eignummer,
ganz hind im Eck wor nuwos frei, Haubdsach, ich bin aa derbei.
Edz dou ich ba der Kapelln mir mei Lieblingslied beschdelln.
Blouß, dass ichs aamol kurz erwähn: ich bin fei a Heino-Fan.
Mensch, doud däi Kapelln schäi singer, drum mou ich glei mei Danzbaa schwinger.
Ich glaab, dord hoggd anne für miich, suweid ich des im Dunkln siech.

Ich hald mi ganz an alde Siddn, gäih langsam hie, sooch: Darf ich biddn?
Und wäi däi aafschdäihd, siech ich glei, däi mou doch zwaa Köpf gräißer sei.
Wos machi denn, denkermer blouß, däi is doch für miich viel zu grouß.

Dou häddn alle wos zum Lachn, ich lou mi ned zum Affm machn.
Däi schdäihd auf, gäihd af mich zou und läffd an mir vurbei,
dou stäihd a Groußer hinder mir, bei dem hängdser si ei.
Goddseidank – denkermer blouß – mir ziddern nu di Knie,
erleichderd gäih ich zu meim Bladz und hogg mi widder hie.

Und derzwischn schaui dann amol ins finsdere Rund,
wennsd suu um di sechzich bisd, bisd dou a junger Spund.
Die Zeid vergäihd mir wäi im Flug, die Band hod Bause gmachd,
zum Danzn bini nuni kummer, mir hod des nu nix brachd.
Nach anner Schdund gäihds aa scho weider, edz machns Damenwahl,
des werd bestimmd aa zimli heider, scho brodld er, der Saal.
Dou schdeierd anne zu meim Diisch, däi wills mid mir brobiern,
däi is bestimmd nemmer ganz frisch, und ich will mi ned blamiern.

Des wär mir zwor a grouße Freid – sooch iich zu derer Maus,
ich wolld grood zahln, des doud mer leid, ich gäih edz glei nach Haus.
Und wäi ich nausgäih, siechi dann a dolle Frau am Dresn schdäih,
däi loodi ei, ich mach mi ran, edz konni nunni gäih.

Beim driddn Segd wärds endli freier, edz lässds ihr Schläbbern laafn,
immer blouß dieselbe Leier, ich mouerer nu an kaafm.
Sie braucherd hald an goudn Moo, ihr Leebm wor blouß Verdruss,
ich horchmer des nimmer lang ooh, hoffentlich finds ball an Schluss.

Des is fir miich a Quälerei, däi red edz scho a Schdund,
ich will ja gor ned garschdi sei, und souch firs Gäih an Grund.
Ich mou's edz backn, doudmer leid, ich mou edz wärgli gäih,
ich mou morng fräih um siemer raus, ich glaab, des werns verschdäih.

Wos hobbi eigndli heid scho gmachd, des wor doch blouß beschissn,
der Abnd hodmer doch gornix brachd, hob blouß a Geld nausgschmissn.

Es näggsde Mol, des wassi fei, ich bin ja aa ka Dummer,
dou schaui in di Zeidung nei – und lou mer anne kummer.

DER WAHNSINN „AFF DER STRASS"

Dou is wos lous aff unsre Schdrassn – durch däi grouß Audomassn.
Und ich sooch glei, wäi ich des siech – als Audofahrer bisd im Krieg.
Wahnsinn, Wahnsinn af däi Schdrassn, sei gscheid und dou dein Karrn schdäih lassn.
Sei ned dumm, sei einfach kluuch, fahr am Besdn midm Zuch.

Jedn Fräih des selbe Schbiel, hoffendlich kummsd heil ans Ziel.
Die masdn Leid wern affamol in ihrm Audo assozial.
Ich denk, ich fohr heid mit Geduld, scho werri mehrfach ieberhulld.
Und dann gräich ich eine Woud, wenn mich anner schneidn doud.
Bin von Rache glei besessn, mein Anschdand hobbi edz vergessn.
Und mir doud des scho wos bringer – ich zeich a weng mein Middlfinger.
Die fahrn ja alle ohne Hirn, mir schdäih der Angsdschweiß af der Schdirn.
Bin suwäisu scho späder droo, ich mou ja heid nu ins Büro.

Ich schau af'd Uhr, is korz vur achd, und glei scho hods dou vorner krachd.
Mid viel Gschick und mid viel Mäih kumm ich direkd dernebm zum Schdäih.
Und dann hör ich scho ein Gschraa, bsonders vo der aaner Fraa,
däi schreid dou völlich unschenierd: Sie hom mei Audo demolierd.
Dou sachd die andere vuller Noud: Allmächd, däi Ampl wor doch roud.
Wall su schnell hobbi gorned gschaud, hom Sie vur mir di Brems neighaud.
Ich glaab sie schbinner, ich soochs fei, ich hull edz glei di Bollizei.
Und beide fallns dann ausm Rahmen, ich glaub, des worn bestimmd ka Damen.

Und wall heid alles passn doud, fährd vur mir anner midm Houd.
Ich glaab, dou konni gor ned lachn, der schleichd vur mir mit 30 Sachn.
Ich denk: a suu a Sauerei, kumm an dem Doldi ned vurbei.
Mer konn ja aa däi ganzn Penner unschwer am Kennzeichn erkenner.
Und bis ich nu a bissla schau, dou schdäih ich blödzli nou im Schdau.
Also wärgli – ganz beschissn – dou vorner wärd di Schdrass aufgrissn.
Des Audofahrn wärd zur Dordur, mou nieber af die andere Schbur,
dann endlich lässd mi anner nei, edz mou i aa nu freindli sei.

Und edzer schau i nach der Zeid, Goddseidank, is nemmer weid.
Und ich sooch mer, nerja des gäihd, bin blouß a halbe Schdund zu schbäd.
Wos will mer aa scho mehr verlanger, es is ja eigndli ganz goud ganger.
Und ich denk vull Übermud, vielleicht gäihds morng aa widder gud.
Dou is wos lous aff unsre Schdrassn – durch däi groußn Automassn.
Ich sooch glei, wäi ich des siech – als Autofahrer bist im Krieg.
Wahnsinn, Wahnsinn af däi Schdrassn, ich konn des Audofohrn ned lassn,
und werds aa jedn Dooch gscheid grass, obber mir machds drodzdem Schbass.

„HAMWÄIH NACH GESDERN"

Ich hob su Hamwäih nach gesdern,
mei Zauberword haßd „Nosdalgie",
Gemüüdlichkeid as alde Zeidn –
däi fehld su arch, däi hob ich nie.
Ich frei mi ieber alde Sachn,
kaaf alde Woor vo fräiher ei,
blouß ba di Madla is des andersch,
däi sollerdn ned su arch ald sei.

Neili, ba uns in der Vorschdadt
dou hädd ich mich fasd verirrd.
Aa Blogg sichd ja wäi der andere aus –
des hod mich gscheid verwirrd.
Nou dreh ich um in Richdung Aldstadt,
wou anner nu den andern kennd,
wou Kneibe sich an Kneibe reihd,
wou der Zeidgeisd und der Fordschridd bennd.

Di Audos, däi wern immer schneller,
Verkehrsdumuld wärd immer mehr,
däi schäine Zeid der Pferdekudschn
ja, däi vermiss ich gor su sehr.
Du dringsd im Schdäi und issd im Laafm
und oobnds dou bisd dann richdi gschaffd,
Mensch Meier – denk a bissla nouch
blouß in der Ruhe lichd di Krafd.

Ich hob su Hamwäih nach gesdern,
mei Zauberword hassd „Nosdalgie",
Gemüüdlichkeid as alde Zeidn –
däi fehld su arch, däi hob ich nie.
Ich frei mi ieber alde Sachn,
kaaf alde Woor vo fräiher ei,
blouß ba di Madla is des andersch,
däi sollerdn ned su arch ald sei.

„IM BIERZELD"

Lass des Leben uns voll genießn – und des Bier in Schdrömen fließn,
bis zum Rausch is dann ned weid – ein Brosid der Gemüdlichkeid.

Willsd aweng a Geld verzockn, brauchsd di blouß ins Bierzeld hoggn.
Admosphäre ruhig und sinnlich, aa die Breise sin erschwinglich.
Konnsd Zufriednheid erreichn und bisd unter deinesgleichn.
Konnsd nach der Kabelln mitsinger, lässd dir glei a Mäßla bringer.

Bis'd zu deim Gedränk dann kummsd, is scho einiges verdunsd.
Und nach anner goudn Schdund hosd scho den erschdn Schlugg im Mund.

Des doud goud, des läffd schäi nei, wäi kommern blouß su doschdi sei.
Die Schdimmung is scho glei am Brodln, hinder dir doud anner jodln.
Dou brauchd mersi fei ned schiniern, mer lääßd si eimbfach animiern.
Und die ganz ganz lusdi'n Sachn kommer blouß am Diesch drom machen.
Die gude Laune wird endfachd, gschunkld werd, dass blouß su krachd.
Dann moußd der Bedienung winggn, denn du willsd nu wos zum Dringgn.

Möchsd soford dein Gerschdnsafd, schreisders raus mit voller Krafd,
Bring mer nu a Mouß vurbei   odder besser vielleichd zwei.
Und dann lässders endlich krachn, denn du willsd auf lusdich machn.
Am Diesch dernebm sin's aa ned faul, dou hauerser si glei affs Maul.

Ganz urplödzlich fällds dir ei – edz mouß wos zum Essn sei.
Und du machsders wäi di meisdn, dousd a Giegerla dir leisdn.
Wardsd zwaa Stundn, willsd fasd gäih, scho hosders dann am Diesch dord schdäih.
Blouß mid derer kaldn Henner dousd die Goschn ned verbrenner.
Nach vier, fümbf Mouß, des is hald su – bisd mid der Henner dann per du.
Banander bisd du zum Erbarmen, könnsd die ganze Weld umarmen.

Obber dann, des is a Grauß – wangsd irgendwann zum Zeld hinaus.
Willsd blouß schloufm und dei Ruh, des is aa am Besdn suu.
Heid host dei Leebm ja voll genossn, des Bier, des is in Schdrömen gflossn.
Am nächsdn Dooch, dou sagsd dann „Bassd" – wall du vo all dem nix mehr waßd.
Aweng Erinnerung machd si breid, worüber hosd di gesdern gfreid?
Jubl, Trubl, Heiderkeid, ein Brosid der Gemüdlichkeit.

„IS WOCH'NEND IS DOU"

Ich gäih zur Ärberd jedn Dooch – und ich dou werng vo fräi bis späd,
drum horch mir zou, wos ich dir sooch – ich zeich dir, wäi's a andersch gäihd.

Freidooch is und Feieroomd, dou mein ganzn Schdress abschüddln,
dass di Ärberd ich vermiss, könnd ich keinem Mensch vermiddln.
Is Wochnend is widder dou, ich denk, mir mäißdn scho wos machn,
gemüdlich und in aller Rouh, ich überleech mir a poor Sachn.

Am Freidooch läffd nou nemmer viel, dou hauer mi erschd in di Wanner,
ich hör im Hindergrund mei Frau „Dou fei ned gor su lang ausschbanner,
du mousd nu wos im Keller machn" – allmächd, dou konn ich gor ned lachn.
Ich bin ja nunni amol ganz druggn, des lässd mi glei symbolisch duggn.

Nach anner Schdund is nou su weid, ich konn mi aff mei Sofa leeng,
und ich dou die Gemüüdlichkeid obber wergli richdi pfleeng.
Im Fernseher, des hobbi gseeng – widder lauder Schmarrn drookummerd,
den Kees, den mou mer ja ned mööng, und scho binni sambfd endschlummerd.

Samsdooch fräih, di Vögl singer – und des Frühschdügg wor rechd goud,
kummd mei Frau mid am Drumm Zeddl – wos mich nichd begeisdern doud.
Edz moui zum Diskaunder fohrn – den Einkaufszeddl in der Daschn,
wall im Subbermargd konnsd schboorn, des doud mi immer überraschn.

Midooch, schbäder – nachm Essn – brauch ich erschd amol mei Rouh,
und ich finds aa ned vermessn, wenn ich a Schdündla schloofm dou.
Samsdooch oomd mäisd mer wos machen, obber es is wäi immer dann,
solldn uns viielleichd wos gönner – blouß mir bleim widder amol derhamm.

Sunndooch is, heid lou mers krachn, ich schlooch meiner Frau wos vuur,
demmer an Schbaziergang machen – obber blouß a glanne Dour.
Sin erschöbfd vuur lauder Laafn, wos homm mir denn uns dou oodou,
Hob hamm – in unsern Heimadhaafn – jeder brauchd edz fei sei Rouh.

Alles is bei uns im Lood, und mir denner des genießn,
denn edz gibds glei Abndbrood, und mir wern den Dooch beschließn.
Heid wors schäi, des hod scho bassd, abwechslungsreich und schbannend hald,
Mensch, des wor vielleichd a Dooch, ich glaab, mir wern heid nemmer ald.

Beide hommer edz beschlossn, es Wochnend, des wor ganz nedd,
und mir gänger unverdrossn nach di Nachrichdn isn Bedd.
Wos mir alles machen wolldn, des hod edzer nunni gold'n.
Doch des aane is verschbrochn – des mach mer alles nächsde Wochn.

„Und edz is fei werglich goar!"